AF567321

»Unsere Arbeit macht uns frei«, rief ein ranghoher Nationalsozialist inmitten des Zweiten Weltkriegs seinen sogenannten Volksgenossen zu. Er knüpfte damit nicht nur an die lange Tradition »deutscher Arbeit« an, der nach die Deutschen eine ganz besondere Beziehung zu Arbeit haben sollen. Er wandelte zugleich eine weitverbreitete KZ-Inschrift ab. Denn »Arbeit macht frei« prangte am Lagertor von Auschwitz, Dachau, Sachsenhausen und andernorts.

Doch was hat der Satz überhaupt zu bedeuten? Wessen Arbeit macht wen frei? Und vor allem: wovon? Um diese Fragen zu beantworten, wirft Nikolas Lelle einen Blick auf Texte der Shoah-Überlebenden Primo Levi, Jean Améry und Tibor Wohl, die jeweils Texte über die NS-Devise »Arbeit macht frei« verfassten.

Der Umgang mit der NS-Ideologie und ihren »Sinnsprüchen« ist eine Herausforderung bis heute. Denn wie kann es sein, dass dieser Satz einerseits tabuisiert ist, andererseits die extreme Rechte ständig mit ihm spielt und er auf Social-Media-Plattformen zum Hashtag verkommt? Erst eine gelungene Aufarbeitung der Vergangenheit kann die Gesellschaft dazu befähigen, sich ihrer Geschichte wie Gegenwart zu stellen.

Nikolas Lelle arbeitet seit 2020 bei der Amadeu Antonio Stiftung und beschäftigt sich vornehmlich mit Antisemitismus, der Erinnerung an den Nationalsozialismus und »deutscher Arbeit«. Zuvor promovierte er – nach einem Studium der Philosophie und Soziologie in Frankfurt am Main und Mainz – an der Humboldt Universität zu Berlin in der Sozialphilosophie. 2018 gab er zusammen mit Felix Axster den Band »›Deutsche Arbeit‹. Kritische Perspektiven auf ein ideologisches Selbstbild« heraus. 2022 erschien im Verbrecher Verlag »Arbeit, Dienst und Führung. Der Nationalsozialismus und sein Erbe«.

Nikolas Lelle

»ARBEIT MACHT FREI«

Annäherungen an eine NS-Devise

VERBRECHER VERLAG

Erste Auflage
Verbrecher Verlag Berlin 2024
www.verbrecherei.de

Satz: Christian Walter
Druck und Bindung: CPI Clausen & Bosse, Leck

ISBN 978-3-95732-585-3

Printed in Germany

Der Verlag dankt Felix Bayer, Charlotte Kuschka,
Greta Schlusche und Lutz Vössing.

INHALT

Für meine Mutter

»Arbeit macht frei« ist kein beliebiger und kein zynischer Slogan, sondern der Name von Dachau und des nationalsozialistischen Deutschland.

Werner Hamacher

Prolog: Ein übersehenes Detail

Drei Worte sollten das Lagertor in Auschwitz zieren, so lautete der Auftrag der SS: »Arbeit macht frei«. Lesbar sollte die Lager-Inschrift von außen sein, sodass all die Arbeitskolonnen, die täglich aus dem Konzentrationslager getrieben wurden, sie nach ihrem Arbeitstag lesen konnten: »Arbeit macht frei«.

Offiziell hieß das Lager KL Auschwitz I, später Stammlager.[1] Die Abkürzung KZ hat sich nach dem Krieg durchgesetzt. Das Stammlager war das erste im Ort Oświęcim, in der Nähe von Krakau. Auschwitz II Birkenau, das Vernichtungslager, in dem in den wenigen Jahren zwischen 1941 und 1945 etwa eine Million Menschen, allen voran Jüdinnen:Juden ermordet wurden, gab es genau wie Auschwitz III Buna-Monowitz, das Lager für die IG Farben AG, noch nicht.

Den Auftrag bekam der Häftling Jan Liwacz. Neun Tage, nachdem die deutsche Wehrmacht Polen überfallen hatte, wurde der 41-Jährige verhaftet. Die Gedenkstätte Auschwitz gibt seine Zugehörigkeit zur Sozialistischen Partei als Grund an;[2] in einem lokalhistorischen Artikel ist dagegen die Rede davon, er habe eine Puppe aus Stroh, die Adolf Hitler darstellte, verbrannt.[3]

Liwacz stammte aus Dukla, im Südosten Polens, nicht weit von der tschechoslowakischen Grenze. Nach mehrmonatigem Aufenthalt in verschiedenen Gefängnissen wurde er im Sommer 1940 nach Auschwitz deportiert. Noch wusste niemand, was der Name zu bedeuten hatte. Oświęcim war ein kleiner polnischer Ort, etwa 250 km von seinem Geburtsort entfernt. Die Nationalsozialisten bauten hier einen Lagerkomplex aus Konzentrations-, Vernichtungs- und Arbeitslagern und deutschten den Ortsnamen ein, aus Oświęcim wurde Auschwitz.

Nach der Befreiung im Januar 1945 durch die Rote Armee wurde Auschwitz zur Chiffre für den deutschen Massenmord, bevor sich in

Deutschland der Begriff »Holocaust« mit der Ausstrahlung der gleichnamigen amerikanischen Serie im Januar 1979 und später der Begriff »Shoah« durchsetzten. Theodor W. Adorno sprach schlicht von Auschwitz, um das »Verbrechen ohne Namen«[4] zu benennen.[5] »Auschwitz«, schreibt Detlev Claussen in den 1980er-Jahren, »bleibt der nervus rerum kritischer Theorie.«[6] Mit dem Politikwissenschaftler Peter Reichel lässt sich ergänzen, dass Auschwitz »der Name zu einem ortlosen, einem globalen Erinnerungsort« und zur »Metapher für ein ›Jahrhundert der Barbarei‹ (J. Améry)« geworden ist.[7]

Jan Liwacz bekam die Nummer 1010. Er gehörte zum zweiten Transport mit 313 Häftlingen, der am 20. Juni 1940 ankam. Der erste Transport erreichte das Lager sechs Tage zuvor mit 728 Polen.[8] Liwacz war damit einer der Ersten in Auschwitz. Insgesamt fünf Wochen musste er im berüchtigten Block Nr. 11 verbringen, dessen Steh- und Hungerzellen Unzähligen den Tod brachten. Wenige Wochen vor der Befreiung der Konzentrationslager Auschwitz, im Dezember 1944, wurde Liwacz nach Mauthausen deportiert. Er war also nicht nur einer der Ersten, sondern auch einer der Letzten in Auschwitz. Viereinhalb Jahre seines Lebens musste er an diesem Ort verbringen. Im Mai 1945 wurde Jan Liwacz befreit. Er ging zurück nach Polen und widmete sich der Schmiedekunst. Er starb am 22. April 1980.

In Auschwitz wurde Liwacz als Kunstschlosser eingesetzt. Er fertigte Geländer, Lampen, Gitter und andere Gegenstände im Auftrag des Lagerkommandanten Rudolf Höß an – sowie das berühmteste KZ-Tor. Liwacz tat wie ihm befohlen und schmiedete die drei Wörter, die bis heute das Lagertor zieren und weltweit als nationalsozialistisches Symbol bekannt sind. Die Inschrift erstreckt sich über mehr als sechs Meter. Dabei, so berichtete er später, versteckte er ein Detail, das allzu oft übersehen wird. Damals wie heute. Das bezeugt etwa Tadeusz Szymański, der 1941 nach Auschwitz deportiert wurde und bei der Evakuierung Anfang 1945 fliehen konnte. Szymański, der sich nach dem Krieg dem Aufbau der Gedenkstätte Auschwitz widmete, erzählte, dass er das von Liwacz versteckte Detail nicht wahrgenommen hat: »Jahrelang hätte ich es sehen müssen, aber ich habe es nicht gesehen.« Genauso wie »Tausende von Häftlingen«, »Millionen von Besucher[n]« der Gedenkstätte und wie selbst der »Lagerkommandant Höß und die anderen SS-Männer«.[9]

Denn Liwacz hatte einen Buchstaben auf den Kopf gedreht: das B. »Arbeit macht frei« war damit buchstäblich nicht mehr die bruchlose, perfekte Devise, die sie den Nationalsozialisten nach sein sollte. Mit dieser kleinen Geste zeigte Liwacz, dass mit »Arbeit macht frei« etwas nicht stimmte.

Jahre nach der Befreiung erzählte Liwacz Szymański bei ihrem ersten Treffen von dem übersehenen Detail: »Das haben wir bewusst so gemacht, und das hat uns gefreut.«[10] Inwiefern hier eine Legende gesponnen oder die Wahrheit berichtet wird, ist der Historikerin Ines Rensinghoff zufolge nicht mehr zu klären.[11] Liwacz' Akt des Widerstands wird bis heute jedenfalls oft übersehen, sein Name ist weitgehend unbekannt.

Aber ist das eine Form von Widerstand? Es gibt viele Überlegungen dazu, was als Widerstand in den nationalsozialistischen Konzentrationslagern zu bezeichnen ist. Entgegen eines weitverbreiteten Irrtums gingen die KZ-Insass:innen, allen voran die jüdischen, nämlich »nicht wie die Schafe zur Schlachtbank«[12], wie Hermann Langbein sein Standard-Werk zum Thema betitelte. Im Gegenteil: Es gab zahlreiche Fluchten, ein gut organisiertes Widerstandsnetzwerk und Aufstände in Konzentrationslagern. In Sobibór und Treblinka bildeten die Aufstände den Anfang vom Ende der beiden Vernichtungslager.[13]

Hermann Langbein, der selbst zur Leitung der internationalen Widerstandsbewegung in Auschwitz I gehörte, würde Liwacz' übersehenen Akt nicht als Widerstand einordnen. Denn als solcher gelten ihm Handlungen, »die in der Absicht unternommen wurden, Pläne der Lagerführung zu durchkreuzen oder abzuschwächen, die sich gegen die Häftlinge insgesamt oder gegen eine Gruppe von ihnen richtet«[14]. Das ist ein sehr enger Begriff von Widerstand, der für Langbeins Fragestellung im Buch sinnvoll war. Alle Widerstandspraktiken sind damit aber nicht abgebildet.

Mit der Philosophin Iris Därmann lässt sich einwenden, dass sich in »Extremsituationen« wie denen des KZ (oder des transatlantischen Sklavenhandels, welcher das Hauptthema in ihrem Buch »Undienlichkeit« ist) »das Politische« oft im Kleinen zeigt, »im widrigen Erleiden, im Verborgenen, Unsichtbaren« – im Übersehenen – »und Unhörbaren, in der historischen Asymmetrie von Zeigen und Zuschauen, von Zeugen und Bezeugen, im widerständigen Überleben von Menschen, von Spuren,

Dingen, Erzählungen, Erinnerungen und Bildern«.[15] Mit Därmann lässt sich die übersehene Verkehrung des »B« durchaus als Widerständigkeit begreifen.

Szymański würde dem zustimmen: »So war unsere Einstellung im Lager, wo irgend möglich, auch bei ganz kleinen Sachen, etwas falsch machen.«[16] Widerstand – oder sprechen wir besser von Widerständigkeit – beginnt also im Kleinen, im Überleben, darin, etwas Brot zu teilen, Sand ins Getriebe zu streuen, dem Nationalsozialismus mit allen Mitteln – auch den noch so kleinen – etwas entgegenzusetzen. Zum Beispiel eine so zentrale Lagerinschrift zu entstellen oder zumindest partiell zu verkehren.

Bezogen auf die Arbeit bedeutete Widerständigkeit im Konzentrationslager auch, sich ihr so gut es ging zu entziehen. Denn »Arbeit sicherte nicht das Leben, sondern ruinierte es«, schreibt Rensinghoff: »Nur wer sich der Arbeit entzog, konnte sich die Kräfte erhalten, die die Arbeit zerstörte, konnte sich die Arbeitsfähigkeit bewahren, die ihn vor dem Tod schützte. Es bleibt, daß Arbeit für die Häftlinge im KL-Auschwitz bedeutete, lediglich für eine sehr kurze Zeit überleben zu können.«[17]

Jan Liwacz' Akt der Widerständigkeit zeigt am buchstäblich verkehrten Detail, dass etwas an »Arbeit macht frei« nicht stimmte, dass Arbeit nicht frei machte, sondern der Satz eine Verhöhnung war, Ausdruck des Zwangs, der Gewalt und des Todes. Nein, Arbeit macht nicht frei. Nicht in Auschwitz. Arbeit macht unfrei, Arbeit macht tot.

Zur Einleitung: Fragen

Auschwitz war nicht der erste und nicht der einzige Ort mit dieser KZ-Inschrift. »Arbeit macht frei« stand auch an den Toren von Dachau, Flossenbürg, Groß-Rosen, Sachsenhausen, Theresienstadt und andernorts. In Dachau und Sachsenhausen säumte der Satz das Tor schon bevor sich die Nationalsozialisten dazu entschieden, in Oświęcim einen Konzentrationslagerkomplex aufzubauen. »Arbeit macht frei« ist – neben »Jedem das Seine«, das im KZ Buchenwald am Lagertor stand – die berühmteste und berüchtigtste KZ-Devise. Täglich mussten sie die KZ-Häftlinge lesen, die zur Arbeit getrieben wurden.

Doch obwohl die KZ-Devise »Arbeit macht frei« von ungeheurer Zentralität wie Bekanntheit ist, gibt es nur wenige Nachforschungen zu ihr. Das wundert nicht, denn die zentrale Rolle, die Arbeit in der Ideologie des Nationalsozialismus spielt, ist noch längst nicht adäquat aufgearbeitet. Warum sollte es mit dieser KZ-Devise anders sein? Viele Fragen stellen sich an Genesis und Geltung dieser Devise, einige sind von der Forschung beantwortet worden, viele nicht oder nicht ausreichend.

Die Liste der Fragen, die ich am Anfang dieses Buchs an die Devise und ihre Bedeutungen stelle, ist lang, was ich davon zu beantworten vermag, wird sich zeigen: Was hat dieser kurze Satz »Arbeit macht frei« zu bedeuten, der den Tod und den Überlebenskampf so vieler begleitete? Für wen wurde er geschrieben? Wem bedeutete er etwas? Denn irgendwer muss doch geglaubt haben, es sei ein sinnvoller, ein bedeutender Satz, der an ein KZ-Tor angebracht gehört. Zugleich ist es möglich, dass der Satz selbst etwas bedeutete, also auf anderes hindeutete, auf das Schicksal der Häftlinge oder die nationalsozialistische Ideologie, die den Kontext und Sinngehalt vorgaben. Für wen wurde dieser Satz angebracht? Wer gab diese Losung aus? Wen sollte Arbeit frei machen? Genauer gefragt: Wessen Arbeit machte wen frei? Wovon sollte die »deutsche Arbeit« (wen) befreien? Wie wurde die Devise von Überlebenden aufgefasst und kommentiert?

Und schließlich das Nachkriegsrätsel: Wie kann es sein, dass diese Fragen bis heute nicht beantwortet sind, dass es kaum Auseinandersetzungen mit dieser zentralen KZ-Devise gibt, dass die Rolle von Arbeit im Nationalsozialismus nicht ausreichend thematisiert, geschweige denn aufgearbeitet worden ist? Wie kann es sein, dass bis heute Menschen ihre Social Media-Posts mit #ArbeitMachtFrei (oder Anspielungen darauf) versehen und damit ihren Arbeitsalltag geschichtsvergessen kommentieren wollen? Wie kann etwas einerseits so tabuisiert sein, dass seine geschichtsvergessene Verwendung den Job kosten kann, und andererseits so in der deutschen Kulturtechnik liegen, dass es auch mal im Scherz oder Überschwang aus jemandem herausbrechen kann? Und ist das ein Widerspruch: Tabuisierung und Tabubruch? Was sagt uns die Leerstelle der Nicht-Thematisierung von »Arbeit macht frei« und der NS-Arbeitsauffassung über den angeblichen Aufarbeitungsweltmeister Deutschland wie den grassierenden Antisemitismus?

Dieses kurze Buch versucht sich den Bedeutungen der NS-Devise »Arbeit macht frei« anzunähern. Das Buch schließt keinesfalls alle Lücken, sondern führt die Erkenntnisse von Anderen zusammen, die sich »Arbeit macht frei« in Aufsätzen oder Büchern zuwendeten, und verbindet sie mit den Einsichten von Shoah-Überlebenden wie Jean Améry, Primo Levi und Tibor Wohl. Daraus entsteht eine historisch-philosophische Auseinandersetzung, die ein Anfang sein will und im besten Fall weitere Untersuchungen auslöst.

Im Untertitel dieses Buchs, »Annäherungen an eine NS-Devise«, ist die Kernthese formuliert. Der Historiker Wolfgang Brückner hat Ende der 1990er-Jahre ein wichtiges Buch zu »›Arbeit macht frei‹. Herkunft und Hintergrund der KZ-Devise« veröffentlicht. Er recherchierte die Vorgeschichte, den Kontext und schrieb Wegweisendes zur Bedeutung. Zu wenig allerdings setzte Brückner seine Überlegungen in Zusammenhang mit der Arbeitsauffassung der Nationalsozialisten. Deshalb folgert er, es handele sich hierbei um eine – wie sein Untertitel besagt – KZ-Devise; also eine Devise, die sich auf den Raum Konzentrationslager bezieht. Sicher tut sie das vornehmlich. Mit Tibor Wohl kann man Brückners Einsichten zuspitzen und zeigen, dass Arbeit an diesen Orten nicht frei machte, sondern zum Tod führte. Das ist aber nicht alles. Primo Levi und Jean Améry verweisen darauf, dass damit ebenso ein sinnstiftendes, nationalsozialistisches Selbstbild verbunden ist. »Arbeit macht frei« ist mehr als eine KZ-Devise. Es handelt sich um eine NS-Devise.

In meinen Recherchen zur NS-Arbeitsauffassung bin ich über einen kurzen Text von Robert Ley gestolpert, dem Leiter der Deutschen Arbeitsfront. Er rief seinen Volksgenoss:innen im Jahr 1943 zu: »Unsere Arbeit macht uns frei.« In einer Zeit, in der die Devise etliche Konzentrationslager zierte und vielen bekannt gewesen sein dürfte, verwendet Ley die Devise, um Mut zu machen und für den Krieg zu mobilisieren. Der Kontext des Konzentrationslagers wird hier verlassen und die Devise wird zur NS-Devise, von der sich viel über den Nationalsozialismus lernen lässt.

Dieses Buch nähert sich sämtlichen Bedeutungen der NS-Devise an, auch solchen, die diejenigen übersehen, die »Arbeit macht frei« allein im Kontext Konzentrationslager betrachten. Der Blick auf das nationalsozialistische Selbstbild befähigt dazu, auch Fragen nach Aufarbeitung und Kontinuitäten des Antisemitismus zu beantworten.

Arbeit macht frei. Eine KZ-Devise

Das Lagertor von Auschwitz wurde zum Symbol für den nationalsozialistischen Massenmord.[18] Viele werden die Inschrift »Arbeit macht frei« vor Augen haben. Auch wer das umgedrehte B noch nie wahrgenommen hat, kennt vermutlich den Schriftzug. Aber wie viel mehr weiß man über diesen Satz?

Die Devise wurde nicht in Auschwitz erfunden. Es gab Vorbilder für das Lagertor: Dachau, das erste KZ, bereits Anfang 1933 gegründet, sowie Sachsenhausen, das Modell-KZ. An allen drei Orten ist der Schriftzug »Arbeit macht frei« heute als Teil der Gedenkstätten präsent. In Auschwitz allerdings nur noch als Kopie, nachdem das Original – wie später auch in Dachau – gestohlen und nach dem Wiederauffinden ins Archiv der Gedenkstätte eingelagert wurde.

Die Wissenslücken sind frappierend. Obwohl die Bücher zum Nationalsozialismus ganze Bibliotheken füllen können und die KZ-Inschrift für die Häftlinge alltagsbestimmend war, wurde über »Arbeit macht frei« wenig geforscht. Wesentliche Fragen sind nicht mehr zu beantworten; etwa die Frage danach, wer wann entschieden hat, dass gerade dieser Satz den Ein- und Ausgang von Konzentrationslagern prägen soll oder die Frage, ab wann die Tore in Dachau und Sachsenhausen so gestaltet wurden. Andere Fragen wurden zu wenig gestellt, wie die nach den Bedeutungen dieses Satzes. Dabei ist die KZ-Inschrift nicht nur ein wichtiger Teil der Konzentrationslager, sondern sie verweist auch auf die ideologischen Vorstellungen der Nationalsozialisten. Bevor es um diesen Verweis und damit um den ideologischen Kontext geht, gilt es, ein paar Grundlagen zu klären.

Die Historiker Dirk Riedel und Wolfgang Brückner gehen davon aus, dass Dachau das erste KZ mit dieser Inschrift war, vermutlich ab 1937/38.[19] Zu welchem Datum die Torinschrift genau angebracht wurde, ist unklar. Danach, so rekonstruiert Brückner, folgt die Anbringung im KZ Flossenbürg, dann »frühestens 1939«[20] in Sachsenhausen, danach in Auschwitz. Wohin in dieser Auflistung zeitlich Ravensbrück, Theresienstadt und Groß-Rosen gehören, ist schwer zu sagen.

Im bayrischen Dachau, in der Nähe von München, befand sich das älteste auf Dauer errichtete Konzentrationslager. Gegründet im März 1933, wenige Wochen nach der Machtübertragung an die Nationalsozialisten. Hier wurden anfangs vor allem politische Gefangene weggesperrt, gequält und zu Arbeit gezwungen. Im Sommer 1936 wurde ein neues Eingangsgebäude errichtet. Der kommunistische Häftling Karl Röder bekam den Befehl, die Torinschrift »Arbeit macht frei« anzufertigen.[21] Am Wirtschaftsgebäude in Dachau – und später auch in Sachsenhausen und am Küchengebäude in Auschwitz – ließ die SS zudem ein Zitat von Heinrich Himmler anbringen, das bei jedem Appell zu lesen war. Es sekundiert die KZ-Inschrift: »Es gibt einen Weg zur Freiheit. Seine Meilensteine heißen Gehorsam, Ehrlichkeit, Sauberkeit, Nüchternheit, Fleiß, Ordnung, Opfersinn, Wahrhaftigkeit, Liebe zum Vaterland.«[22]

Das KZ Sachenhausen bei Oranienburg, im Norden Berlins, wurde 1936 gegründet und sollte Modellcharakter haben im Hinblick auf seine Architektur. Das Lager ist in einem gleichschenkligen Dreieck angelegt, symmetrisch um die Mittelachse gruppiert – wie ein Fächer. Fluchtpunkt ist Turm A, von dem aus das Lager und alle Baracken überblickt bzw. ins Visier genommen werden konnten. »Die Anordnung« ist Ausdruck einer »totale[n] Kontrolle«, schreibt der Historiker Hermann Kaienburg.[23] Sie entspricht etwa der Hälfte eines Benthamschen Panoptikons wie es Michel Foucault beschrieben hat.[24] Im Turm befindet sich das Tor mit der Inschrift. Seit wann das so ist, ist unklar. In einer Ausstellung zum Lager aus dem Jahr 2016 steht neben einer Fotografie des Tores, dass es »zwischen 1938 und 1941« eingesetzt worden sei.[25] Nach der Befreiung im April 1945 durch die Rote Armee wurde der Schriftzug entfernt, wie eine Fotografie aus dem Sommer des Jahres erkennen lässt. Die Befreier ließen stattdessen am Turm ein Bild von Lenin anbringen.[26] 1968 wurde die Inschrift wieder angebracht und kann bis heute in der Gedenkstätte besichtigt werden.

Es ist nicht mehr auszumachen, wer wann entschieden hat, dass gerade diese KZ-Devise in Dachau, Sachsenhausen oder in Auschwitz angebracht wird – es ist wohl auch nicht die relevanteste Frage. Der Historiker Dirk

Riedel weist darauf hin, dass normalerweise die jeweiligen Lagerkommandanten über so etwas entschieden haben. Demnach wäre es in Verantwortung von Hans Loritz gewesen, der ab April 1936 Lagerkommandant in Dachau und ab Dezember 1939 in Sachsenhausen war.[27] Es könnte allerdings auch sehr gut sein, so Riedel und auch die Historikerin Ines Rensinghoff, dass die Entscheidung zumindest mit der sogenannten Inspektion der Konzentrationslager, also mit Theodor Eicke, abgesprochen, wenn nicht sogar von ihm entschieden wurde. Rudolf Höß, der spätere Lagerkommandant von Auschwitz, hat »Eickes Urheberschaft«[28] jedenfalls in seinem autobiografischen Bericht, geschrieben in polnischer Haft, angedeutet. Dass Höß selbst für die Inschrift verantwortlich sein könnte, hält Riedel für haltlos.[29] Als Adjutant hatte er dafür nicht die nötige Macht. Rensinghoff bringt ihn zumindest als »Initiator für die Inschrift im Stammlager« in Auschwitz ins Gespräch.[30] Der Einfluss der Inspektion der Konzentrationslager, namentlich von Theodor Eicke, würde zudem erklären, warum der Satz in den nächsten Jahren an so vielen Orten an prominenter Stelle auftauchte. Denn die Inspektion hatte den Auftrag, die Konzentrationslager zu überwachen, aufzubauen und zu verbessern. Abschließend geklärt ist die Frage jedoch nicht.

Von Rudolf Höß ist überliefert, dass er die KZ-Devise nicht nur gut, sondern auch richtig fand. Er glaubte an ihre Wahrheit, sie habe für ihn, so Rensinghoff, »durchaus einen Sinn gehabt«[31]. Höß schreibt in seinen autobiografischen Aufzeichnungen darüber, wie wichtig Arbeit im Leben eines Gefangenen sei und unterscheidet hier nicht zwischen Gefängnis oder Konzentrationslager. Auch wenn die Arbeit Pflicht und Zwang sei, bei angemessener »innerer Bereitschaft« des Gefangenen, »bei richtigem Einsatz« könne »freiwillig Beachtliches« geleistet werden, sodass eine »innere Zufriedenheit« entstehe.[32] Höß verlangte, so die Historikerin Anna-Raphaela Schmitz in ihrem Buch »Rudolf Höß in Auschwitz«, »die intensive Mitarbeit aller SS-Männer und der Lagerinsassen«[33]. In seinem verzerrten Weltbild führen »[m]ilitärisches Lagerleben, Arbeitszwang und Strenge« zu einem »geordneten Leben«.[34] In diesem Sinne soll Arbeit frei machen. Was für ein Zynismus angesichts der barbarischen Zustände in den Konzentrationslagern!

Egal, wer genau dafür verantwortlich war, solche Sätze sagen viel über die Ideologie derer aus, die diese Orte erschufen. Die Konzentrationslager waren der Schutzstaffel (SS) unterstellt, die Heinrich Himmler als sogenannter Reichsführer-SS leitete. Der Historiker Wolfgang Brückner hat Himmlers Liebe für diese Form von Sinnsprüchen ins Spiel gebracht. Auch wenn diese Devise nicht von ihm persönlich stammte, gehört sie »zu den Minima Moralia der völkischen Ideologen und verwandter Kampftruppen, aus deren Reihen der Erfinder der SS und ihre Elitevorstellungen kam«.[35]

Derartige Sinnsprüche gibt es im Nationalsozialismus viele. Auf dem Dolch der SS stand »Unsere Ehre heißt Treue.« In den nationalsozialistischen Texten zu Arbeit heißt es bezugnehmend auf das Motto des 1. Mai 1933 immer wieder »Ehret die Arbeit, achtet den Arbeiter«. Das Motto des Reichsarbeitsdienstes (RAD) lautete »Arbeit ehrt« und bereits im 25-Punkte-Programm der NSDAP von 1920 finden sich Parolen wie »Gemeinnutz vor Eigennutz«. »Arbeit macht frei« reiht sich hier ein. Anhand dieser Losungen lassen sich einige Aussagen über die nationalsozialistische Ideologie machen. Eine Beforschung dieser lohnt sich. Denn sie »stehen meist prototypisch für ein ganzes kulturelles System und seine Denkformen«[36], so Brückner. »Arbeit macht frei« steht also prototypisch für den Nationalsozialismus. Es ist, mit Werner Hamacher gesprochen, »der *Name* von Dachau und des nationalsozialistischen Deutschlands«[37] und steht für die NS-Arbeitsauffassung.

Interessanterweise hat die Devise fast keine Vorgeschichte, anders als »Jedem das Seine«, die berühmte Inschrift des KZ Buchenwald. Suum Cuique ist eine antike Rechtsformel, der zufolge jeder das Seine tun solle und dafür das bekomme, was ihm zustehe. Es geht um Verteilungsgerechtigkeit. Die Formel verweist aber nicht nur auf das bürgerliche Ideal der Lohnarbeit, welches das »Glück des Tüchtigen«[38] fordert, sondern auch auf die Kehrseite dieses Ideals, das den Untüchtigen Unglück ankündigt. Im KZ Buchenwald konnte die Torinschrift von innen gelesen werden, als Botschaft an die Insass:innen. Das nationalsozialistische »Jedem das Seine« macht aus der Ankündigung von Unglück Wirklichkeit. Die Nationalsozialisten radikalisierten die alte Rechtsformel und rechtfertigten mit ihr ihre brutale Politik.

Von »Arbeit macht frei« gibt es dagegen nur sehr wenige Vorläufer. Das kann überraschen, handelt es sich bei Freiheit und Arbeit doch um ein zentrales, modernes, bürgerliches Verhältnis.[39] Macht Arbeit denn nicht frei? Man könnte doch denken, es ist die Arbeit, die uns unabhängig macht, die uns den Lebensunterhalt verdienen lässt.

Arbeit gilt in der Moderne als Kraft, die von den Fesseln der Natur befreien kann; Arbeit hilft, das Reich der Notwendigkeit zu bestreiten und so das Reich der Freiheit zu schaffen, um es mit Karl Marx zu sagen. Das wirkt wie eine harmlose, überzeitliche Aussage, entspricht aber einem spezifischen, historisch gewordenen Blick auf die Welt. In der Vormoderne galt Arbeit als Last, Strafe Gottes. Sie diente zur Beschaffung von Nahrung, Obdach, Gütern, allem Lebensnotwendigen. Im Kapitalismus wird Arbeit zur zweiten Natur, quasi zum Selbstzweck. Es geht jetzt um die Schaffung von Tauschwerten, um Kapital. Die abstrakte Arbeit ist die Substanz des Kapitals, und in der kapitalistischen Arbeitsgesellschaft ist Arbeit die zentrale Vergesellschaftungsform, die über Ein- und Ausschlüsse entscheidet. Es ist dabei die Freiheit des Kapitalismus, die die Arbeitenden unfrei macht. Denn die doppelt freien Arbeiter:innen müssen ihre Arbeitskraft verkaufen, um zu überleben: »Freie Arbeiter in dem Doppelsinn«, schreibt Karl Marx im berühmten Kapitel über die »Ursprüngliche Akkumulation« im Ersten Band des »Kapitals«, dass sie weder »selbst unmittelbar zu den Produktionsmitteln gehören«[40], wie Sklaven oder Leibeigene, noch dass ihnen Produktionsmittel gehören.

Marx' Perspektive lehrt uns, dass Arbeit Ausdruck von Abhängigkeit ist. Im Kapitalismus arbeiten Menschen, weil sie von den Produktionsmitteln getrennt sind, weil sie ihre Arbeitskraft verkaufen müssen. In vorkapitalistischen Zeiten arbeiteten Menschen, um zu überleben, um das Nötige anzubauen oder herzustellen. Arbeit macht demnach nicht frei. Arbeit erfolgt aus der Unfreiheit. Innerhalb dieser Unfreiheit mag die Arbeit einen Menschen unabhängiger machen. Die Parole »Arbeit macht frei« verschleiert aber das zugrundeliegende ideologische Verhältnis. Die Nationalsozialisten glaubten nie daran, dass Arbeit Individuen frei mache. Die deutsche Volksgemeinschaft sollte durch Arbeit frei werden.

Ökonomische Veränderungen werden ideologisch begleitet. Martin Luther führte in Deutschland die Vorstellung von der Arbeit als Berufung ein. Liberale Philosophien wie der Deutsche Idealismus Hegels predigen das Lob der Arbeit und vertreten die Vorstellung von Arbeit als Ermöglicher von Freiheit. Eine Variante davon vertritt auch Marx in den ökonomisch-philosophischen Manuskripten. Theodor W. Adorno verweist darauf, dass dieser Freiheitsbegriff ebenso einen Herrschaft legitimierenden Beiklang hat. Aufklärung kann in Barbarei umschlagen, was sich nicht zuletzt im Nationalsozialismus zeigte. »Die Menschen haben den Begriff der Freiheit so manipuliert«, schreibt Adorno in den 1950er-Jahren, »daß er schließlich auf das Recht des Stärkeren und Reicheren herausläuft, dem Schwächeren und Ärmeren das wenige abzunehmen, was er noch hat.«[41] Der Freiheitsbegriff der Nationalsozialisten ist diese Vorstellung ins Extreme gedacht. Die Nationalsozialisten hielten sich für die prototypischen Vertreter:innen einer »Herrenrasse«, der es erlaubt ist, Andersdenkende und angeblich Andersartige auszuschließen, auszurauben und auszunutzen, schließlich zu ermorden.

Seit der Einrichtung des Zucht- und Arbeitshauses wurde im Grunde die Idee verfolgt, den Arbeitszwang mit der Erziehung zur Arbeit zu verknüpfen. Das Lob der Arbeit verlangt den Kampf gegen Faulheit und Müßiggang. Diesen übernahmen die Nationalsozialisten sicher auf die brutalste Weise. Doch dieser Kampf hat seine Wurzeln in der bürgerlichen Fetischisierung von Arbeit. So rekonstruierte der Historiker Hans-Albert Wulf die Entwicklung zur kapitalistischen Arbeitsgesellschaft als Kampf gegen Faulheit und Müßiggang.[42] Über die Anfänge dessen schreibt Marx im Kapitel über die »Ursprüngliche Akkumulation«. Das ist der philosophische und gesellschaftstheoretische Hintergrund, vor dem die Devise gelesen werden kann, so Brückner:

> Aus aufklärerischen Ideen und Versuchen des späten 18. Jahrhunderts und der ihnen folgenden bürgerlichen Rechtspraxis der zwangsmäßigen Arbeitserziehung im 19. und 20. Jahrhundert haben Hitler und Himmler im Verlaufe ihrer Herrschaft die zeittypischen Zwangsanstalten von Internierungs- und Arbeitslagern zu Todesfabriken für Nichtarier aller Art entwickelt und schließlich mit der ›Endlösung der Judenfrage‹ in den letzten Kriegsjahren zugleich die ›Vernichtung durch Arbeit‹ zum systematisch exekutierten Programm erhoben.[43]

Auch räumlich knüpften die Nationalsozialisten an die Orte der Arbeitserziehung an. Ein Beispiel von vielen: Das Arbeitshaus in der Berliner

Rummelsburg, in Betrieb seit Ende des 19. Jahrhunderts, übernahmen die Nazis und bauten es zu einem Arbeitserziehungslager aus.

Die Freiheit, die die Nazis auf Arbeit beziehen, ist die Freiheit »vom Jüdischen«. Das wird sich im Laufe des Buchs verdeutlichen. Hier geht es daher nicht um allgemeine Verhältnisbestimmungen von Arbeit und Freiheit, sondern um eine sehr spezifische, nationalsozialistische Bestimmung ausgedrückt in »Arbeit macht frei«. Sie verweist auf die Shoah. In ihrer weiterhin aktuellen Analyse reflektieren auch Holger Schatz und Andrea Woeldike die Verbindung von Freiheit und Arbeit, die eine lange deutsche Tradition pflegt und zum wahnhaften Antisemitismus beigetragen hat.[44]

Die Frage nach der Vorgeschichte ist eine nach der Genese dieser drei Wörter. Gibt es vorherige Verwendungen von »Arbeit macht frei«? Wolfgang Brückner hat in seiner erhellenden Untersuchung der KZ-Devise diese Frage ausführlich behandelt. Es gibt demnach nur zwei wortwörtliche Vorläufer der Devise und sie entstammen anderen Kontexten. 1872 veröffentlichte Lorenz Diefenbach in Wien eine Erzählung, deren Titel aus diesem Satz besteht. Es geht darin um eine »komplizierte bürgerliche Liebesgeschichte«, in der ein »Spieler, Wechselbetrüger und Urkundenfälscher wieder auf den rechten Weg gebracht« wird.[45] Die Arbeit mache ihn wieder frei. Der Autor stammte aus einem »freireligiös-deutschnationalen«[46] Umfeld. Fünfzig Jahre später entstanden im Umfeld des Deutschen Schulvereins, einer rechtsradikalen Organisation, – wiederum in Wien – Klebealben und darin finden sich Aufkleber mit genau dieser Parole »Arbeit macht frei«.[47] Dies sind die einzigen beiden belegten Vorläufer. Da die Nationalsozialisten sich auf keinen der beiden Fälle beriefen, trägt die Frage nach der Herkunft der Devise also nicht zum Verständnis bei.

Um deren Bedeutungen zu klären, wurde von Historiker:innen die Funktion der Lagerinschrift untersucht. Im Lageralltag waren die Worte »Arbeit macht frei« zuallererst eine weitere Form der alltäglichen Schikane und Folter, eine »zynische Schurkerei«[48], eine Form der Verhöhnung. Das zeigt die Historikerin Ines Rensinghoff mit einer Analyse von Lagerzeichnungen.[49] Das Lagertor war der einzige Übergang von innen nach außen. Diese drei Wörter am Abend nach einem schweren Arbeitstag lesen zu müssen, zu wissen, dass man sich wieder innerhalb des Lagers befindet, wenn das Tor passiert ist, das reiht sich ein in die Praktiken des Strafens,

Folterns und Verhöhnens im KZ. Aus dem Satz spricht pure Verachtung. Das Lagertor symbolisiert den »Tod«[50] selbst, ja den »Massenmord«[51].

Für externe Besucher:innen oder Passant:innen konnte die Torinschrift dagegen verharmlosend oder gar rechtfertigend gewirkt haben. So als ob es hinter dem Lagerzaun darum ginge, die Häftlinge zu richtiger Arbeit bzw. sie durch Arbeit zum Mitglied der Volksgemeinschaft zu erziehen, sie vermeintlich in die Freiheit zu lassen nach vollbrachter Arbeit. Das galt vor allem für die alten Lager wie Dachau.

Das KZ Dachau lag direkt am Ortsrand. Die Torinschrift war – wie üblich – von außen lesbar. Sie war hier auch eine Botschaft an die deutsche Bevölkerung. Die wurde auf zwei Hinweisschildern darüber informiert, was hinter dem Lagerzaun vor sich ging. Mit antisemitischen Karikaturen wurde gezeigt, wie die SS Gefangene ins KZ trieb. Dieses Konzentrationslager, so die Botschaft, erzieht diejenigen zur Arbeit, die von ihr nichts verstehen. Nicht-Arbeitende werden zur Arbeit angehalten. Die Botschaft impliziert den tiefsitzenden Antisemitismus und Rassismus in der deutschen Bevölkerung, betont Riedel: »Die Lager-SS konnte ganz offensichtlich darauf vertrauen, dass diese Schmähungen der Gefangenen nicht nur den Geschmack der Rekruten des SS-Übungslagers, sondern wohl auch vieler Dachauer Anlieger und großer Teile der deutschen Bevölkerung insgesamt trafen.«[52]

Die Lüge spielte also mit den »tief in der deutschen Gesellschaft verwurzelten Vorurteilen«[53] gegen die hier Gefangenen. Den politischen Häftlingen, den als »asozial« oder »arbeitsscheu« Verfolgten, den Jüdinnen:Juden sowie Sinti:zze und Rom:nja wurde seit Langem ein richtiges Verhältnis zur Arbeit abgesprochen. Das Konzentrationslager konnte in diesem Sinne als »›Umerziehungsanstalt‹« erscheinen, die die »Häftlinge zur Arbeit ›erziehe‹ und dadurch wirklich ›frei‹ mache«[54]. Mit der Realität hatte das nichts zu tun. Es half der Rechtfertigung – nicht zuletzt vor sich selbst: »Der Spruch hilft Legitimation stiften vor der ›arbeitenden Klasse‹ oder dem ›fleißigen deutschen Volke‹«[55], schreibt Brückner.

Dieser beschönigenden, verklärenden Lesart saßen auch einige Deportierte bei der Ankunft auf; selbst in Auschwitz. Die Worte ließen sie kurz aufatmen, da sie – wortwörtlich verstanden – suggerieren, es läge an der Leistung der Einzelnen, ob sie freikämen. Rudolf Vrba, der aus Auschwitz-

Birkenau fliehen konnte und in Claude Lanzmanns Dokumentarfilm »Shoah« interviewt wird, berichtet etwa über seine Ankunft in Auschwitz:

> Arbeit macht frei. Schon bald sollte sich dieser Spruch für uns als ein Hohn erweisen, einem üblen Aprilscherz ähnlich. An diesem Juniabend jedoch glaubte ich daran und ließ mich davon ermutigen. Arbeit macht frei. Das klang jugendlich und stark. Ich war auch jung und stark. Wenn man von mir Arbeit erwartete, so sollte man nicht enttäuscht werden.[56]

Tibor Wohl berichtet, wie er »ohne Mißtrauen« das Lagertor durchschritt. »Wir waren schon in Theresienstadt an schwere Arbeit gewöhnt, und von Auschwitz hatten wir nie etwas gehört.«[57] Zofia Posmysz, Schriftstellerin und Dichterin, erzählt in »Die Schreiberin von Auschwitz«, einem Film über sie: »Ich dachte, wenn ich gut arbeite, dann lassen sie mich in ein paar Monaten frei.«[58] Mit der Wirklichkeit hatte das nichts zu tun. Nicht in Dachau, nicht in Sachsenhausen oder Auschwitz.

Dieses, vermutlich einkalkulierte, Missverständnis korrigierten die KZ-Aufseher:innen mit großer Lust. Die SS machte keinen Hehl daraus, dass Arbeit niemanden befreite und Himmlers sogenannte Meilensteine blanker Hohn waren. Sie deckten das Missverständnis schnell auf und zerrten den brutalen Zynismus des Satzes in den Fokus: »SS Leute wiesen die Zugänge [das waren die Neuen] auf den Spruch hin, zeigten auf den Schornstein des Krematoriums und sagten: ›Es gibt einen Weg zur Freiheit, aber nur durch diesen Schornstein!‹«[59] In Sachsenhausen hatte die »martialische Empfangsrede des Kommandanten« daher den Namen »Schornsteinrede«.[60]

In der Erfahrung der KZ-Überlebenden spielte »Arbeit macht frei« eine wichtige Rolle, denn die Torinschrift war alltagsbestimmend. Wer einem sogenannten Arbeitskommando außerhalb des Konzentrationslagers zugeordnet wurde, durchschritt diese Inschrift täglich: früh morgens auf dem Weg zur Arbeit und spät abends auf dem Rückweg ins KZ. Es mussten immer genauso viele Häftlinge wieder ins Lager zurück wie herausgetrieben worden waren. Das bedeutete, dass die Arbeitskommandos abends zumeist noch Tote mitschleppten, wenn sie die drei Worte lasen. Die Devise war eine alltägliche Erinnerung daran, dass Arbeit niemanden frei machte.

In Überlebendenberichten taucht die KZ-Devise daher immer wieder auf. Über ihre Bedeutung wird jedoch selten laut nachgedacht. Ausnahmen stellen Texte von Jean Améry, Primo Levi und Tibor Wohl dar. Darum wird es noch ausführlich gehen. In vielen anderen Berichten gehört die Torinschrift lediglich zur Beschreibung des Ankommens. Bloß im Vorbeigehen wird über die Torinschrift geschrieben. Die Devise wird ansonsten weder erwähnt noch über ihre Bedeutung etwas geschrieben. Posmysz erzählt in ihrem Bericht »Christus von Auschwitz«, wie sie Ende der 1950er-Jahre noch einmal das Lagertor durchschritt. Ihre Gedanken bleiben nicht an der Torinschrift hängen, sie wird nur erwähnt.[61] Wilhelm Brasse, der sogenannte Fotograf von Auschwitz, nutzt das Tor als Ortsbestimmung, um zu erklären, wo sich die Lagerküche im Stammlager befand.[62]

In vielen Zeichnungen, die in der Lagerzeit illegal entstanden sind, ist die KZ-Devise präsent. Für Peter Edel ist das Lagertor von Auschwitz buchstäblich der Hintergrund, vor dem er sich in einer Skizze 1944 in Auschwitz zeichnet, um zu zeigen, wie ihn die Strapazen der Lagerhaft bis zur Unkenntlichkeit verändert haben. »Wer ist das?« steht neben dem Selbstporträt. »Ich? Ich!« lautet die knappe Antwort. Das Lagertor, so Rensinghoff, wird hier »zum Appell an den Betrachter«[63]. Der Literat und Kunstkritiker Arturo Benvenuti hat eine Sammlung von eindrücklichen Zeichnungen aus Konzentrationslagern herausgegeben. Das Lagertor von Auschwitz findet sich etwa angedeutet über einem Karren voll Leichen, gezeichnet von Jerzy Adam Brandhuber. Die Zeichnung trägt den Titel »Arbeit macht frei«.[64] Die Zeichnung »Auschwitz« von Leo Hass zeigt eine Masse von Häftlingen, die durch das Lagertor marschieren müssen, mehr tot als lebendig. Am linken Rand blicken Kinder aus Öfen der Krematorien, im hinteren Bildrand hängt eine Leiche, daneben spielt das Häftlingsorchester, das spielen musste, wenn die Häftlinge zur Arbeit außerhalb des Lagers zogen. Vorne rechts steht ein rauchender, böse aussehender KZ-Wärter. Und über den Häftlingen thront die Torinschrift.[65] In seinem Vorwort zu der Sammlung von Benvenuti betont Primo Levi, wie wichtig Zeugnisse dieser Art sind, weil sie etwas darstellen, »was die Sprache nicht auszudrücken vermag«[66]. Die Sammlung zeigt, dass sich das »Arbeit macht frei« in die künstlerische Verarbeitung eingefressen hat.

Aus dem KZ Dachau ist ein Lied überliefert, das sich die Devise aneignet und mit der Bedeutung spielt. Es stammt vom österreichischen Schriftsteller Jura Soyfer, der 1939 in Buchenwald starb, und dem Musiker Herbert Julius Zipper, der aus Buchenwald freikam. Geschrieben und komponiert wurde es im Kopf, denn es durften keine Aufzeichnungen über das Widerstandslied gefunden werden. Das »Dachau-Lied« greift die KZ-Devise auf, übrigens wie das aus dem KZ-Auschwitz III Monowitz überlieferte Buna-Lied auch. Es berichtet – ähnlich wie das Buchenwaldlied oder das berühmte Lied »Moorsoldaten«, das im KZ Börgermoor im Emsland entstand – von den Strapazen und Entbehrungen, von der Gewalt und der Last der KZ-Zeit in Bayern, aber auch von der Hoffnung, dass das alles eines Tages ein Ende findet und es zur wahren Freiheit kommt. Der Refrain irritiert auf den ersten Blick, da behauptet wird, die Häftlinge hätten die Losung von Dachau, »Arbeit macht frei«, gelernt. Den widerständigen Gehalt des Liedes kann übersehen, wer die bittere Ironie daran nicht sieht und das Lied wortwörtlich versteht.

Stacheldraht, mit Tod geladen,
ist um unsre Welt gespannt.
Drauf ein Himmel ohne Gnaden
sendet Frost und Sonnenbrand.
Fern von uns sind alle Freuden,
fern die Heimat, fern die Frau'n,
wenn wir stumm zur Arbeit schreiten,
Tausende im Morgengrau'n.

Doch wir haben die Losung von Dachau gelernt
und wurden stahlhart dabei:
Sei ein Mann, Kamerad,
bleib ein Mensch, Kamerad,
mach ganze Arbeit, pack an, Kamerad,
denn Arbeit, Arbeit macht frei!

Vor der Mündung der Gewehre
leben wir bei Tag und Nacht
Leben wird uns hier zur Lehre
schwerer, als wir's je gedacht
Keiner mehr zählt Tag' und Wochen
mancher schon die Jahre nicht
und gar viele sind zerbrochen
und verloren ihr Gesicht

Und wir haben die Losung von Dachau gelernt
und wurden stahlhart dabei:
Sei ein Mann, Kamerad,
bleib ein Mensch, Kamerad,
mach ganze Arbeit, pack an, Kamerad,
denn Arbeit, Arbeit macht frei!

Schlepp den Stein und zieh den Wagen,
keine Last sei dir zu schwer.
Der du warst in fernen Tagen,
bist du heut schon längst nicht mehr.
Stich den Spaten in die Erde,
grab dein Mitleid tief hinein,
und im eignen Schweiße werde
selber du zu Stahl und Stein.

Und wir haben die Losung von Dachau gelernt
und wurden stahlhart dabei:
Sei ein Mann, Kamerad,
bleib ein Mensch, Kamerad,
mach ganze Arbeit, pack an, Kamerad,
denn Arbeit, Arbeit macht frei!

Einst wird die Sirene künden:
Auf, zum letzten Zählappell!
Draußen dann, wo wir uns finden
bist du, Kamerad, zur Stell
Hell wird uns die Freiheit lachen
vorwärts geht's mit frischem Mut
und die Arbeit, die wir machen
diese Arbeit, die wird gut!

Denn wir haben die Losung von Dachau gelernt
und wurden stahlhart dabei:
Sei ein Mann, Kamerad,
bleib ein Mensch, Kamerad,
mach ganze Arbeit, pack an, Kamerad,
denn Arbeit, Arbeit macht frei![67]

Der Pianist Markus Kreul analysiert in einem Video-Podcast das Dachau-Lied, das beinahe wie ein »Propagandalied« wirken könnte, »wäre da nicht eine kleine harmonische Wendung bei ›Denn Arbeit macht frei‹, die ein ganz anderes Licht auf den Text wirft.«[68] Der Text allein reicht also nicht, um die Bedeutung des Liedes zu begreifen. Die Musik macht den Unterschied.

In seiner Interpretation des Liedes spekuliert der Judaist Oren Baruch Stier, dass sich die Bedeutung der KZ-Devise durch die Zeit auch verändert haben könnte. Das Lied entstand vor den Novemberpogromen 1938, die der Historiker Raphael Gross die »Katastrophe vor der Katastrophe«[69] nennt; d. h. in einer Phase, in der der eliminatorische Antisemitismus noch nicht so organisiert vonstattenging wie direkt nach den Pogromen und auch in den Jahren danach. In dieser Zeit könnte die Devise ebenso eine wortwörtliche Bedeutung gehabt haben, so Stier.[70]

Vielleicht lag der eliminatorische Antisemitismus der Devise noch nicht so offen zu Tage wie später, aber auch vor 1938 befreite Arbeit niemanden. Vielleicht lässt sich sagen, die wortwörtliche Bedeutung des Satzes hat sich zunehmend weiter von einer Realität entfernt, der sie nie entsprach. »Klang die Inschrift«, schreibt der Historiker Klaus Drobisch, »bei den ab Mitte der dreißiger Jahre errichteten Lagern schon nach Verhöhnung ihrer Insassen, so bedeutete sie für Auschwitz, der größten NS-Mordstätte, puren Zynismus«.[71] In Dachau, so sekundiert das Brückner, kann die Devise noch als »verspäteter propagandistischer Legitimationsvers«[72] gelten. In Auschwitz war es »nur noch blanker Zynismus fern aller öffentlichen Selbstdarstellungsmöglichkeiten der inzwischen geheimgehaltenen Lager«.[73]

Ich halte es für falsch, das Dachau-Lied als Ausdruck eines wortwörtlichen Verständnisses von »Arbeit macht frei« zu deuten. Zu stark ist die Wehklage, zu eindringlich die Hoffnung auf Befreiung. Es handelt sich hier um eine Aneignung der Devise als Widerstandslied, die Mut und Hoffnung machen sollte – und den Traum einer Arbeit träumt, die wahrhaftig gut wäre. Stiers Spekulation verweist aber darauf, dass der Satz durchaus unterschiedliche Bedeutungen transportierte: je nachdem, wer ihn zu welcher Zeit an welchem Ort las. Eine Variante der Bedeutungen bezog sich auch auf die »arischen« Deutschen selbst. Der historisch-konkrete Kontext ist relevant. Benvenuti fragt in seinem Gedicht »Arbeit macht frei« nach diesen Bedeutungen: »Auf welche geheimen Gemetzel / verwiesen die Worte / über dem Tor?«[74]

Im KZ Dachau mag die Devise u. a. eine legitimierende und erklärende Botschaft für die Anwohner:innen gehabt haben. Als Jan Liwacz in Auschwitz den Auftrag bekam, die Torinschrift zu schmieden, waren im Lager nur Polen eingesperrt. Anwohner:innen gab es durch das sogenannte Interessengebiet, ein Sperrgebiet um das Lager, keine. Die deutsche Inschrift bedeutete ihnen nichts, jedenfalls denjenigen, die kein Deutsch sprachen. Brückner schließt daraus, dass »die eindeutig für deutsche Adressaten erfundene Freiheits-Devise den ›Undeutschen‹« in Auschwitz »als Menetekel«, also als Warnung und Zeichen von Unheil, erschien:[75] »Wer aus rassischen Gründen nicht zum Arbeiten geboren ist, verdient nicht zu leben. Frei kann nur der arbeitende Mensch sein.«[76]

Das Lagertor fehlt nicht in Fotosammlungen von Besuchen der Gedenkstätte von Auschwitz, weder unmittelbar nach der Befreiung noch heute. In ihrer Analyse solcher Fotos schließt Rensinghoff, dass das Tor – und damit die Inschrift – in der Nachkriegszeit zur »Projektionsfläche unterschiedlicher Bedeutungen« wurde. Könnte das nicht auch für die

Zeit davor gelten? War »Arbeit macht frei« nicht immer schon Projektionsfläche? Alle diese Lesarten der Funktionen und Bedeutungen – ob Zynismus, Hohn oder Beschönigung – gehen davon aus, dass der Satz lügt, dass er die Unwahrheit sagt. In einem gewissen Sinne stimmt das. Niemand wurde aufgrund seiner Arbeit aus einem KZ entlassen. Was aber, wenn der Satz, in einem anderen Sinne verstanden, die Wahrheit sagt? Was, wenn es gar nie um die Freiheit der KZ-Häftlinge ging, sondern immer schon um die der nichtjüdischen Deutschen, derjenigen, die wegsperrten und vernichteten. Was, wenn die Arbeit der Deutschen sie selbst frei machen sollte?

Unsere Arbeit macht uns frei. Mehr als eine KZ-Devise

»Arbeit macht frei« war nicht nur eine zynische Devise, mit der die Deutschen auf KZ-Häftlinge herabschauten. Im Konzentrationslager war sie als Teil eines Systems von Schikane und Folter, von Verhöhnung und Beherrschung vorgesehen.

Die Nationalsozialisten reklamierten die Devise zudem für sich, wie ein unbekannter Artikel von 1943 beweist. »Unsere Arbeit macht uns frei« nennt Robert Ley seinen Appell an die Volksgenoss:innen, mit dem er versucht, inmitten des Kriegs zu erklären, warum es die Arbeit der Deutschen sei, die Freiheit und Sieg bringen soll. Der Artikel erscheint zu einem Zeitpunkt, als die Wehrmacht im Osten auf dem Rückzug ist.

Robert Ley ist eher unbekannt, obwohl er im »Dritten Reich« großen Einfluss hatte. Er war der Leiter der Deutschen Arbeitsfront (DAF), einer »Mammutorganisation«[77], die 1933 bereits mehr als sieben Millionen Mitglieder hatte. Ihr Ziel war die Organisierung aller arbeitenden Deutschen, also aller deutschen (und das hieß für die Nazis »arischen«) Arbeiter:innen, Angestellten und Unternehmer:innen. Die DAF war mit diesem Anspruch die Institutionalisierung der »deutschen Arbeit«; und sie war zutiefst antisemitisch, wie der Historiker Rüdiger Hachtmann erklärt: »Ley und die DAF-Führung gehörten zu den aggressivsten antisemitischen Scharfmachern und setzten ihre Organisation dafür ein, dass Juden auch im gesellschaftlichen Raum systematisch entrechtet wurden.«[78] Zur DAF gehörte auch das berühmte Amt »Kraft durch Freude«, das Freizeitaktivitäten organisierte und »die Arbeiter fit machen [sollte] für die ›Arbeitsschlacht‹«.[79] Gegründet wurde die DAF am 10. Mai 1933, nur wenige Tage nachdem Ley zusammen mit dem »Komitee zum Schutz der deutschen Arbeit« am 2. Mai die Gewerkschaftshäuser stürmte und besetzte,

Funktionäre verhaften ließ und das Vermögen der Gewerkschaften einzog. Damit endete (vorerst) die Geschichte der freien Gewerkschaften in Deutschland. Ley wurde später in Nürnberg im Hauptkriegsverbrecherprozess angeklagt, entzog sich seinem Urteil aber durch Suizid.

1943 saß er fest im Sattel und wollte seinen Volksgenoss:innen erklären, inwiefern die »deutsche Arbeit« sie frei und siegreich mache. Dazu argumentiert er im Text »Unsere Arbeit macht uns frei«, veröffentlicht im Monatsblatt der NSDAP, genannt »Der Schulungsbrief«, naturalistisch, beinahe anthropologisch, wenn er gleich zu Beginn konstatiert, dass das Leben »ein ewiger Kampf« sei und Arbeit dessen »Zwillingsschwester«, sodass Kampf und Arbeit kaum zu unterscheiden seien.[80] »Das Schrecklichste aller Dinge« sei deshalb auch die Arbeitslosigkeit. Denn wer arbeitslos ist, dem vorenthalte »das Schicksal jeglichen Lebenskampf«[81]. Daher sei das Ziel des Nationalsozialismus, »eine neue Gesellschaftsordnung aufzubauen, die sich nur auf Arbeit und Leistung«[82] begründe. Eine solche Ordnung sei gerecht und »das Recht allein« verbürge »die Freiheit des Menschen«.[83] Mit den Begriffen Arbeit, Leistung, Recht und Freiheit ist der Rahmen gesteckt für den folgenden Satz, der die KZ-Devise wortwörtlich aufnimmt: »Damit machen die Arbeit und der Kampf allein den Menschen *frei.*«[84] Dieser Satz beweist erneut, dass es für die Nazis mehr war als nur eine KZ-Inschrift. Es war ein Sinnspruch, den sie verinnerlichten und an den sie glaubten. »Arbeit macht frei« ist demnach eine NS-Devise.

Doch was soll Freiheit in diesem Kontext bedeuten? Um diese Frage zu beantworten, unterscheidet Ley zwischen drei Formen von Freiheit und schiebt noch davor, dass es ihm lediglich um »die Menschen gleichen Blutes und gleicher Rasse« gehe, nur die hätten »eine allgemeine Plattform von der aus diese Menschen ihren Lebenskampf erst beginnen können«.[85] Seine Ausführungen beziehen sich nicht auf alle Menschen, weshalb die Argumentation auch nur beinahe anthropologisch ist oder besser: pseudoanthropologisch. Seine Rede von Freiheit und Arbeit ist partikular. Sie bezieht sich nur auf Deutsche, auf »arische« Deutsche um genau zu sein, auf die sogenannten Volksgenoss:innen. Freiheit durch Arbeit gibt es in Leys Ideologie keineswegs für alle Menschen, denn die Freiheit allgemein sei nichts, was allen Menschen zustehe. Ihm geht es nur um sich und »seinesgleichen«, er glaubt daran, zu einer höheren deutschen »Rasse«

zu gehören, deren Vertreter:innen er im Artikel adressiert. »Je höher die Rasse, um so höher das Können, aber auch, um so größer die Voraussetzungen zum Lebenskampf.«[86] Die Deutschen stehen nicht nur ganz oben und haben die besten Voraussetzungen, sie brauchen auch besonders viel: »Der Deutsche braucht ein gewisses Existenzminimum an Nahrung, Kleidung, Wohnung und Kultur.«[87]

Die erste Form der Freiheit sei diejenige, die diese Bedürfnisse befriedige. Ley nennt sie die »*Grundfreiheiten* des deutschen Menschen«[88], damit auch wirklich jede:r begreift, dass diese Ausführungen sich keinesfalls auf (angebliche und tatsächliche) Nichtdeutsche beziehen, auf die Zwangsarbeiter:innen zum Beispiel, die gleichzeitig millionenfach im »Dritten Reich« schuften mussten und omnipräsent waren. Die Einschränkung auf »deutsche Menschen« ist von hoher Relevanz. Was hier präsentiert wird, ist eine Idee von Freiheit, die explizit nicht für alle gilt, sondern nur für die Deutschen. Diese partikulare und antisemitische Ethik war eine Voraussetzung für das Massenmorden.

Die zweite Form der Freiheit nennt Ley »die *Freiheit der Auslese und Entwicklung*«, gemeint ist, dass jede:r Deutsche, »der von Natur aus gesund ist«, das Recht habe auf Förderung.[89] Sein »Schatz rassischer Veranlagung« müsse gehoben werden.[90] Der Hass auf und die Verachtung von Menschen mit Behinderung drücken sich hier deutlich aus. Wer nicht gesund ist, wer nicht als arbeitsfähig gilt, hat kein Recht auf Förderung. Wer der Gemeinschaft nicht nutzen kann, ist unnütz. Während Ley das schreibt, ermorden die Nazis bereits Menschen mit Behinderungen in Pflegeeinrichtungen durch Verhungern oder im Gas.[91]

Die dritte Form der Freiheit grenzt er ab von »Zügellosigkeit«, die er dem »jüdischen Marxismus und Bolschewismus« zuordnet, die »Triebhaftigkeiten und Orgien« fördern würden.[92] Sie meint die Unterwerfung unter die Ordnung:

> Freiheit ist Volksgemeinschaft, ist wahrer Sozialismus, ist echtes Soldatentum, ist vernünftigste und gerechteste Ordnung, ist freiwilliger, aber umso gläubiger Gehorsam. Der Mensch ist dann frei, wenn er sich als ein wertvolles Mitglied einer geordneten, starken und gesunden Volksgemeinschaft fühlt.[93]

Es geht Ley darum, die Volksgenoss:innen darauf einzuschwören sich (und ihr Leben) der deutschen Volksgemeinschaft zu unterstellen. Natürlich ist das auch ein Einschwören auf den laufenden Krieg. Denn diese Freiheiten, die er hier vorstellt, könne man nur durch »Arbeit, Leistung und Kampf«[94] verwirklichen. Der Nationalsozialismus sei auf einem guten Weg, da einiges bereits verwirklicht sei. Ley selbst meinte, er sei zur »Behebung der Arbeitslosigkeit« angetreten, was durch die »Pflicht zur Arbeit« gelungen sei, die Hitler am 1. Mai 1933 in Form der Arbeitsdienstpflicht feierlich auf dem Tempelhofer Feld verkündet hatte.[95]

Diese Pflicht zur Arbeit wird bei Ley, wie bei vielen Nationalsozialisten, verbunden mit einer Ablehnung von »mühelose[m] Einkommen«[96], also einem (angeblichen) Leben in Reichtum ohne Arbeit. Denn ein solches ist der Argumentation nach undeutsch, da man sich dem eigenen Beitrag für die Volksgemeinschaft entziehen würde. Es erscheint zudem als widernatürlich, weil verkannt werden würde, dass das Leben immer Kampf bedeute. Dieser Vorwurf, in Reichtum zu leben, ohne einen Finger krümmen zu müssen, bezieht sich seit Jahrhunderten auf »die Juden«. Er findet sich schon im 16. Jahrhundert bei Martin Luther.[97] Ley spielt hier mit einem weitverbreiteten, antisemitischen Code, der von den Leser:innen verstanden wird.

Theodor W. Adorno und Max Horkheimer schreiben in ihren kurz nach dem Zweiten Weltkrieg veröffentlichten »Elementen des Antisemitismus« in der »Dialektik der Aufklärung« über diesen Vorwurf und was aus sozialpsychologischer Sicht dahintersteckt:

> Gleichgültig wie die Juden an sich selber beschaffen sein mögen, ihr Bild, als das des Überwundenen, trägt die Züge, denen die totalitär gewordene Herrschaft todfeind sein muß: des Glückes ohne Macht, des Lohnes ohne Arbeit, der Heimat ohne Grenzstein, der Religion ohne Mythos. Verpönt sind diese Züge von der Herrschaft, weil die Beherrschten sie insgeheim ersehnen. Nur solange kann jene bestehen, wie die Beherrschten selber das Ersehnte zum Verhaßten machen.[98]

Adorno und Horkheimer sprechen in diesem Zusammenhang von »pathischer Projektion«[99]. Reichtum ohne Arbeit wird gehasst, weil es insgeheim ersehnt wird, was sich jedoch nicht zugestanden werden kann.

Viele Ausdrucksformen des Antisemitismus lassen sich durch diese Form der pathischen Projektion erklären.

Die Nationalsozialisten verbreiteten ihre Ideen oft im »Modus des Als-ob«[100], ein Terminus, den Ulrich Bröckling in seiner Analyse des Neoliberalismus eingeführt hat. Die ideologische Behauptung einer Volksgemeinschaft, die gleichzeitig erst durch Homogenisierung, Disziplinierung und Aktivierung hergestellt wird, ist das beste Beispiel dafür. Es wird so getan, als gäbe es dasjenige schon, was man herzustellen versucht. In seinem Artikel behauptet Ley in genau diesem Modus, es gäbe eine deutsche Freude an der Arbeit, wobei die Rede von der Pflicht zeigt, dass es ganz ohne Zwang und Zutun nicht funktioniert. Solche ideologischen Behauptungen haben stets Risse.

Auch die Nationalsozialisten ahnten, dass Menschen ein Leben ohne Arbeit ersehnen, selbst so »herrliche« wie die Deutschen. Um diese Sehnsucht zu kanalisieren, gab es im »Dritten Reich« eine »Reichslotterie«. Wegen zu vieler Nieten und zu wenigen Gewinnen war die Kritik jedoch groß. Die Hoffnung auf den Lohn ohne Arbeit nutzten die Nazis für ihre Parteikasse und gaben dem Ganzen den sehr deutschen Titel »Reichslotterie der NSDAP für Arbeitsbeschaffung«. Selbst die Sehnsucht nach einem weniger beschwerlichen Leben wurde dafür genutzt, mehr Leuten ein Leben in Arbeit zu ermöglichen.[101]

Zurück zu Ley. Dessen Artikel kommt pseudo-philosophisch daher und endet mit den üblichen nationalsozialistischen Parolen wie »Ehret die Arbeit und achtet den Arbeiter«.[102] Er wirft zwar mit großen Worten um sich und mimt den Intellektuellen, tatsächlich geht es ihm jedoch darum, die Volksgenoss:innen auf den Kampf und den angeblich daraus resultierenden Sieg einzuschwören. Für Ley wie für die anderen Nationalsozialisten war dies immer auch ein »apokalyptische[r] Kampf gegen das Weltjudentum«[103], so Ronald Smelser, der eine Biographie über Ley geschrieben hat.

»Das deutsche Volk«, so beendet der Leiter der DAF seinen Artikel, »ist seines Führers würdig und marschiert hinter ihm in eine neue, herrliche und bessere Zeit.«[104] Die Zeit, von der Ley und seine Kameraden schwärmen, hatte 1943 bereits Millionen Menschen den Tod gebracht. Die Shoah war in vollem Gange.

»Arbeit macht frei« kommentierte als Torinschrift den Konzentrationslageralltag, das Leben und Sterben. Ohne Bezug auf diese Verwendung nutzt Ley eine Aneignung des Satzes, um auf den Sieg einzuschwören; und das meint mehr als den Sieg gegen die anderen Kriegsmächte, es meint immer auch den Sieg über »die Juden«. Diese Aneignung bezieht sich damit auf diejenigen, die in den Konzentrations- und Vernichtungslagern ermordet wurden. Sie argumentiert jedoch aus anderer Perspektive: aus der nichtjüdischen-deutschen. Damit zeigt sich ein Bedeutungsgehalt von »Arbeit macht frei«, der oft übersehen wird.

Das zentrale Motiv von Leys Artikel ist ein Versprechen: Unser Kampf und damit unsere Arbeit machen uns frei. Der Text rechtfertigt zugleich implizit die Verbrechen: die sogenannte Arisierung, die Vertreibung und Verfolgung, die Millionen Zwangsarbeiter:innen und KZ-Häftlinge. Im Kontext des Krieges ist der Titel des Artikels ebenso eine Durchhalteparole. Dieses Motiv durchzieht die gesamte Ausgabe des »Schulungsbriefs«. So zeigt die Titelseite eine Zeichnung, die die Kriegs- und die Arbeitsfront miteinander verbindet. Darunter steht in Großbuchstaben: »Arbeit führt uns zum Sieg«. Im oberen Teil der Zeichnung sind ein Mann mit einem Hammer und eine Frau mit einer Hacke zu sehen. Heroisch und dynamisch blicken sie nach rechts. In diese Richtung marschieren auch die darunter gezeichneten Soldaten mit Waffen in der Hand, begleitet von Panzern. Alle, so die Botschaft, kämpfen in diesem Krieg gemeinsam: Arbeiter:innen wie Soldaten; die einen an der Kriegsfront, die anderen an der »Arbeitsfront«, wie ein nationalsozialistischer Terminus lautet.

Auf der ersten Seite ist ein Hitler-Zitat vom Dezember 1940 abgedruckt, das deutlich macht, gegen wen dieser Sieg zu erringen ist und welche Rolle die Arbeit darin spielt. Denn dieser Krieg, den die Nazis ein gutes Jahr vor dem Zitat anfingen, sei ausgegangen von »Gold gegen Arbeit, Kapital gegen die Völker und die Reaktion gegen den Menschheitsfortschritt«[105], wie Hitler gewohnt sperrig behauptet hat. Diese Codes offenbaren bereits seinen Antisemitismus. Hitler wird jedoch im letzten Satz noch deutlicher. Den Kriegsmächten werde auch »die ganze jüdische Unterstützung«[106] nichts helfen. Im Zusammenhang mit dem Titel der »Schulungsbrief«-Ausgabe, soll angenommen werden, dass Arbeit nicht nur zum Sieg gegen die anderen Kriegsparteien führe, sondern auch »den Juden«, der hinter diesen Kriegsparteien stehen soll, besiege.

Gleiches zeigt sich auch in Horst Rollitz' Artikel »Die Arbeitshaltung bei uns und den anderen«, der auf Ley folgt und pseudo-komparativ zu beweisen versucht, dass die Deutschen eine besondere Arbeitsauffassung hätten, die den anderen »Völkern« schlicht fehle. So entspreche dem »inneren Wesen« der Deutschen »die Arbeit als ehrenvolle Aufgabe und die Idee der völkischen Gemeinschaft«, während man aufgrund des Liberalismus in England nur die »Ichsucht« kenne, in Amerika Arbeit nur »rein materiell als Profit« sehe und im Bolschewismus alles »nur auf rein materiellen Genuß« ausgerichtet sei.[107] Ganz auf Linie mit dem Hitler-Zitat behauptet der Text, dass weltanschaulich hinter Liberalismus und Bolschewismus und politisch hinter den Kriegsmächten der »*Einfluß des Judentums*«[108] stehe.

Leys Versprechen wird an späterer Stelle in der Ausgabe wieder aufgegriffen und spezifiziert: »Unsere Arbeit für unser Volk macht uns frei«[109] steht über einer Doppelseite mit Gemälden, die dem Motiv der Zeichnung auf der Titelseite entsprechen. Das Gemälde »Kämpfendes Volk« von Hans Schmitz-Wiedenbrück zeigt Soldaten zu Fuß und auf Pferden zusammen mit Arbeiter:innen und Handwerker:innen. Wieder die Botschaft: Sie alle kämpfen denselben Kampf. Ihr Kampf ist eine Arbeit »für unser Volk«.

Der Kontext Konzentrationslager spielt explizit in diesem »Schulungsbrief« keine Rolle. Hier geht es um die Arbeits- und die Kriegsfront und um die Vergemeinschaftung durch »deutsche Arbeit«. Das Narrativ ist nicht neu, sondern jahrelang erprobt. Die Militarisierung der Arbeitssprache ist längst vollzogen. Der Soldatentod ist bereits Jahre vor dem Zweiten Weltkrieg die Blaupause für die Aufopferung der Deutschen bei der Arbeit. Davon sprach Hitler seit mindestens August 1920 und so präsentierte sich der Reichsarbeitsdienst auf dem NSDAP-Parteitag 1934 in Nürnberg als Organisation der Soldaten der Arbeit. Und Leni Riefenstahl hat die mit Spaten bewaffneten, in Reih und Glied stehenden Männer in »Triumph des Willens« bereits in Szene gesetzt.

Neu ist aber, dass »Arbeit macht frei« dafür bemüht wird, den Aufruf zum gemeinsamen Kampf in Form zu gießen – und damit deutlich gezeigt wird: Die Devise sollte auch für »arische« Deutsche gelten. Deutlich wird im »Schulungsbrief«, dass den Nationalsozialisten die Gewalt und das Morden im Krieg als eine Form der Arbeit für das Volk erscheint. Dass das auch für das Morden und Vernichten in Konzentrationslagern gilt, zeigen Überlebendenberichte wie der von Tibor Wohl. Leys Versprechen und die nationalsozialistischen Verbrechen gehören zusammen.

Arbeit macht tot.
Tibor Wohls Bericht aus Auschwitz-Monowitz

Die Überlebenden der Konzentrationslager wussten, dass Arbeit dort niemanden befreite. Nicht die Arbeit, der Tod machte an diesem Ort »frei«, so die KZ-Aufseher:innen, die in der Mehrzahl männlich waren, in zynischer und menschenverachtender Brutalität. Tibor Wohl nannte seinen Überlebendenbericht deshalb: »Arbeit macht tot«.

Im Winter 1941 wurde der 18-jährige Wohl von den Nazis von Prag aus nach Theresienstadt verschleppt, im Oktober 1942 von dort aus nach Auschwitz. Er war einer der Ersten im neuen Nebenlager Buna-Monowitz. Die hier eingesperrten KZ-Häftlinge mussten auf der benachbarten Baustelle der IG Farben AG, genannt IG Auschwitz, Zwangsarbeit leisten. Hier sollte ein synthetischer Kautschuk namens Buna hergestellt werden. Schätzungen zufolge starben in diesem Lager 30.000 Häftlinge. Wohl wurde am 27. Januar 1945 von der Roten Armee befreit.

Drei Jahre danach übergab er einem Verlag sein tschechisches Manuskript über die Zeit in Auschwitz. Dieser Verlag lehnte es ab, mit der Begründung, es sei »zu traurig«[110]. Erst nach seiner Verrentung in den späten 1970er-Jahren fand Wohl die Zeit, eine deutsche Fassung zu erstellen, die schließlich 1990 veröffentlicht wurde – 45 Jahre nach seiner Befreiung.[111] Herausgegeben wurde sein Bericht von einem damaligen Frankfurter Lehrer, dem späteren Professor der Pädagogik und ehemaligen Leiter der Forschungsstelle NS-Pädagogik, Benjamin Ortmeyer, der sich zusammen mit einer Gruppe von Schüler:innen, organisiert in der »Arbeitsgemeinschaft gegen den Antisemitismus«, für Wohls Geschichte interessierte. Der Auschwitz-Überlebende lebte seit 1969 in Frankfurt am Main.[112] Die Herausgabe ist eines von vielen Beispielen einer kritischen Erinnerungskultur von unten.

Tibor Wohl sagte in der DDR wie in der BRD als Zeuge aus, unter anderem im Auschwitz-Prozess im Frankfurter Gallusviertel. Auch dort spielte die KZ-Devise »Arbeit macht frei« eine Rolle. Der Vorsitzende Richter Hans Hofmeyer kam in seiner Begründung des Urteils am 19. August 1965 darauf zu sprechen:

> Wie aber sah es tatsächlich in Auschwitz aus? Über dem Lagertor waren die Worte zu lesen ›Arbeit macht frei‹. Unsichtbar aber stand geschrieben: Ihr, die ihr hier eingeht, laßt alle Hoffnung fahren. Denn hinter diesem Tor begann eine Hölle, die für das normale menschliche Gehirn nicht auszudenken ist und die zu schildern die Worte fehlen.[113]

An den »Eingang in die Hölle«[114] aus Dante Alighieris »Göttlicher Komödie« fühlte sich auch Georg Heller erinnert, der im Juni 1944 nach Auschwitz deportiert wurde. Zu dieser Hölle gehörte der Tod wie die Arbeit. Vergleiche von Auschwitz mit Dantes Hölle hatten »von Anfang an Konjunktur«, weil dadurch, so Eike Geisel mit scharfem Blick, »die unbegreifbare Nähe von Auschwitz auf eine begreifbare Distanz« gebracht wird.[115] Auch Tibor Wohl nutzt das Bild der Hölle:

> Böse Halbgötter waren sie [die SS-Männer, NL]. Rachsüchtige, tobsüchtige Dämonen. Hier war die Hölle, wir die Verdammten und die Totenkopf-Gekennzeichneten mit ihren hochglänzenden Stiefeln und ihren verderbenbringenden Worten und Taten waren die Teufel. Nur ein Gutes hatte diese Hölle: Sie konnte nicht ewig währen, sie mußte einmal enden.[116]

»Arbeit macht frei« stand in Theresienstadt wie in Auschwitz I am Lagertor. Tibor Wohl kannte beide Lagertore und entschied sich dazu, den Titel seines Berichtes auf diese KZ-Devise antworten zu lassen, indem er die beiden bestimmenden Faktoren ins Verhältnis zueinander setzte: Arbeit und Tod.

Die allermeisten Jüdinnen:Juden, die nach Auschwitz deportiert wurden, wurden unmittelbar von der Rampe in Birkenau zu den Gaskammern gebracht und ermordet. »Selektion« nannten die Nationalsozialisten diesen Schritt. Die anderen wurden in den drei Haupt- und dutzenden Außenlagern eingesperrt und zu einer Arbeit gezwungen, die sie vernichten sollte. Denn »schon die Arbeit gehörte in Auschwitz zum Plan des Todes«, schreibt Detlev Claussen und schließt: »Arbeit macht nicht frei.«[117]

Wohls Bericht über seine Zeit in Auschwitz-Monowitz gibt einen Eindruck davon, wie dieser Plan in der Praxis aussah, wie sich das Leben und Überleben im Lager und bei der Arbeit gestaltete. Detailliert beschreibt er Situationen, die er erlebte, in der Sprache der Arbeit. Es geht um Vorgesetzte und Untergebene, um (angebliche) Faulheit und Karriere, um Lob und Tadel sowie um Strafe und Mord. Was beim Lesen begreiflich wird, ist, dass Auschwitz zwar in der Hölle zu sein schien, der Ort dennoch in der immanenten (modernen) Welt lag; wenngleich von Wieslaw Kielar in seinem Überlebendenbericht als »Anus Mundi«[118] verortet.

Aus soziologischer Perspektive wurde argumentiert, die Konzentrations- und Vernichtungslager wären »ganz normale Organisationen«[119]. Das ist nicht als Verharmlosung gemeint, sondern als ein Versuch zu erklären, wie diese Lager funktionierten und es zu alledem kommen konnte. Der Titel ist eine Anspielung auf eine historiographische Debatte. Daniel Jonah Goldhagen sprach von »ganz normalen Deutschen«[120], um seine These auszudrücken, dass der spezifisch deutsche eliminatorische Antisemitismus nach Auschwitz, genauer zur Shoah, führte. Er hat dafür unter anderem das Hamburger Polizeibataillon 101 untersucht. Christopher Browning wandte in seiner Untersuchung desselben Polizeibataillons später ein, es seien »ganz normale Männer«[121] gewesen, die die Massenerschießungen im Osten am Laufen hielten. Auf beide reagierte Stefan Kühl, indem er darauf hinwies, dass die Täter in »ganz normale[n] Organisationen« handelten, die nicht viel anders funktionieren als solche, »die Kranke pflegen, für Eiscreme werben, Schüler unterrichten oder Autos bauen«.[122] Obwohl Vernichtung und Grausamkeit hier als Arbeitsmaßnahmen galten, funktionierten diese Lager nach logischen Prinzipien von Arbeitsvorgängen.

Auschwitz war selbstverständlich keine Fabrik wie jede andere. »Die Vernichtungslager«, schreibt der Historiker Moishe Postone in seinem berühmten Aufsatz »Antisemitismus und Nationalsozialismus«, waren

»keine entsetzliche Version« einer kapitalistischen Fabrik, »sondern müssen eher als ihre groteske arische ›antikapitalistische‹ *Negation* gesehen werden.«[123] Denn »Auschwitz war eine Fabrik zur ›Vernichtung des Werts‹, das heißt zur Vernichtung der Personifizierung des Abstrakten. Sie hatte die Organisation eines teuflischen industriellen Prozesses mit dem Ziel, das Konkrete vom Abstrakten zu ›befreien‹.«[124] Auschwitz und die Vernichtungslager waren zwar Orte der Arbeit, ihnen wohnte aber keine Vernunft inne. Es handelte »sich beim Holocaust um einen durch und durch grundlosen, um einen schier gegenrationalen Tod«[125], so der Historiker Dan Diner. Die Arbeit, zu der die KZ-Häftlinge verdammt waren, allen voran die jüdischen, wurde zwar auch zu Täuschungszwecken veranlasst. »Der jener verausgabten Arbeit eigene rationale Schein«, schreibt Diner vorher, hielt einen »Rest an Hoffnung wach«.[126] Doch diese Vernichtungslager regierte der antisemitische Wahn. Ihr Zweck, die Vernichtung »der Juden«, unterschied sie damit diametral von anderen Orten der Arbeit, die dennoch ähnlich organisiert gewesen sein mögen. Vernichtung war das Ziel, nicht ökonomische Bereicherung. Dass sich die Nationalsozialisten dabei auch grenzenlos bereicherten, den Leichen etwa die Goldzähne ziehen ließen, widerspricht dem nicht.

Jede dieser viel diskutierten Thesen sollte uns zutiefst beunruhigen; egal ob man eher Goldhagen, Browning oder Kühls Argumente für richtig hält. Können wir bei einer einzigen These sagen, dass die Bedingungen für ihre Verwirklichung sich seitdem geändert haben? Können wir wirklich ausschließen, dass »Auschwitz nicht sich wiederhole, nichts ähnliches geschehe«[127], um es mit Adornos kategorischem Imperativ zu sagen? Ich denke nicht. Ich tendiere mit Goldhagen dazu, die Rolle des Antisemitismus als zentral einzuschätzen. Sie war zutiefst verwoben mit der Arbeitsauffassung. Zusammen bildeten die beiden Elemente eine mörderische Verbindung, die sich durchaus in Organisationen wie Konzentrations- und Vernichtungslagern ausdrücken konnte, die, mit dem Literaturwissenschaftler Werner Hamacher gesprochen, auch »Arbeitspl[ä]tz[e]«[128] waren und deshalb als Arbeitsstellen organisiert waren. Nicht nur gab es in Auschwitz die »Vernichtung durch Arbeit«, wie der nationalsozialistische Terminus lautete, sondern hier wurde auch Vernichtung *als* Arbeit ausgeführt. Das versteht man dank Tibor Wohl. Etwa 7.000 SS-Angehörige

– darunter 200 Frauen – waren allein in Auschwitz tätig, so die Holocaust-Forscherin Sybille Steinbacher.[129] Die Gedenkstätte Auschwitz spricht neueren Untersuchungen zufolge sogar von 8.200 SS-Männern und 200 Frauen.[130]

Die Arbeit, die hier den Tod brachte, war angeordnet, erzwungen und vor allem überwacht und brutal exekutiert durch die SS und KZ-Aufseher:innen sowie durch Mitarbeiter:innen der IG Farben AG. Die KZ-Devise »Arbeit macht frei« bezog sich nicht nur zynisch und verächtlich auf die Lagerinsass:innen, sondern auch auf die SS-Angehörigen. Deren Arbeit sollte sie frei machen, war es nicht das, was Robert Ley ihnen versprach? Für Lagerinsass:innen, vor allem für Jüdinnen:Juden, Sinti:zze und Rom:nja hieß das, sterben zu müssen. Im KZ wusste man das. »Die Häftlinge sollten«, fasst Wohl zusammen, »sobald sie bis zur völligen Erschöpfung ausgebeutet waren, vernichtet werden. Menschen gab es ja im Lager mehr als genug. Täglich wurden neue Transporte eingeliefert.«[131]

Im Kapitel »Ein ›ganz normaler‹ Arbeitsalltag« beschreibt Tibor Wohl, wie diese Arbeitslogik in Auschwitz aussah. »Tag für Tag sah unser Leben nun so aus: ausrücken, arbeiten, einrücken, etwas essen; krank werden, gesund werden oder in der Gaskammer sterben.«[132] Denn wer zu lang oder zu schlimm krank war, wurde nach Auschwitz-Birkenau »überstellt« – und dort ermordet. Die IG Farben AG hatte sich mit der SS auf einen maximalen Krankenstand geeinigt. Wenn zu viele krank wurden, wurde aussortiert und neue Häftlinge wurden geliefert. Wohl erzählt in diesem Kapitel vom Appellplatz, auf dem die Kommandos ausgerufen wurden. Die Häftlinge wurden in »mehr als zweihundert Kommandos«[133] unterteilt, die unterschiedliche Aufgaben auf der Buna-Baustelle zu leisten hatten. Die Überlebenschancen hingen stark davon ab, zu welchem Kommando man zugeteilt wurde: Konnte man in einer Halle arbeiten oder war man den Witterungen ausgesetzt, war es schwere körperliche Arbeit oder eine Schreibtätigkeit? Das alles entschied mit über Leben und Tod. Nach der Aufteilung der Kommandos marschierten die Häftlinge in Fünferreihen, zum Singen gezwungen, zur Baustelle. Jeden Tag, bei jedem Wetter. Vom Abmarsch früh morgens bis zum Zählappell am Abend waren die Arbeitstage geprägt von Trillerpfeifen, Schreien, Befehlen, von Gewalt, Prügel, Peitschenhieben, von Schlägen, Tritten und vom Tod. Die

Ausführung dieser Brutalität fand in der Logik der Arbeit statt, wie folgendes Beispiel zeigt:

> [D]er Stubenälteste teilte sofort Schläge aus. Wo es nichts auszusetzen gab, schlug er aufs Geratewohl, um nicht aus der Übung zu kommen, weil es ihm Vergnügen machte, weil es der Blockälteste so wollte, weil der SS-Blockführer es forderte, weil es den Kapos gefiel, weil er sich dadurch auf dem Posten des Stubenältesten behauptete.[134]

Gewalt als Befehl, als Beweis der eigenen Stellung, als Aufstiegschance: In den Konzentrationslagern und auf den Baustellen der Zwangsarbeit war Brutalität eine Art, seine Arbeit gut zu machen. An diesem von Wohl beschriebenen »›ganz normalen‹ Arbeitstag« beaufsichtigte der SS-Scharführer Goering die Arbeit der Häftlinge aber auch die der Kapos und Aufseher. Das blieb nicht ohne Folgen: »Goering beobachtete von einer erhöhten Stellung die Ausführung seines Befehls. Die Kapos und Vorarbeiter sahen alle Augenblicke zu ihm hinüber, um seine Zustimmung oder eine Auszeichnung zu erhalten. Sie übertrafen sich dafür gegenseitig an Grausamkeit.«[135] Brutalität war ein bewährtes Mittel, um in dieser Hierarchie nach oben zu kommen. »Grausamkeit«, so Goldhagen, »war gleichsam eingebettet in die Struktur der ›Arbeit‹«.[136]

Mord und Grausamkeit gehörten vornehmlich zur Arbeit der SS. Diese Arbeiten wurden jedoch auch von den sogenannten Funktionshäftlingen gegenüber den »normalen« Häftlingen ausgeführt. Damit kalkulierte die SS sogar. Funktionshäftlinge oder auch Kapos wurden diejenigen Häftlinge genannt, die von der SS betraut wurden, um wichtige Posten innerhalb des Lagersystems auszuüben. Sie genossen Privilegien und standen in der Häftlingshierarchie ganz oben. Für Heinrich Himmler war der »Einsatz von Häftlingen als Aufseher« eines »der Erfolgsgeheimnisse der KL« gewesen, schreibt der Historiker Nikolaus Wachsmann.[137] Die Einschätzung macht deutlich, dass es hier nicht um »eine Form der ›Selbstverwaltung‹«[138] ging – von Autonomie zu sprechen wäre falsch. Die Kapos wurden eingesetzt und konnten jederzeit wieder abgesetzt werden. Sie dienten den Interessen der SS. »Trotz der Privilegien, die dem Kapo aus seiner Stellung erwuchsen, blieb seine Existenz also gefährdet.«[139] Um sich zu behaupten, griffen viele auf Gewalt zurück. Der Lagerkommandant von Auschwitz, Rudolf Höß, fragt in seinen Aufzeichnungen, wieso diese ausgewählten Häftlinge so brutal handelten, und antwortet nüchtern: »Weil sie ihre Person bei den gleichgesinnten Bewachern und Beaufsichtigern ins rechte Licht setzen wollen, weil sie zeigen wollen, wie tüchtig sie sind.«[140] Höß wie Himmler wussten um die Effekte, die diese Spaltung innerhalb der Häftlingsgruppe bewirkte.

Wohl beschreibt die Gewalt der Funktionshäftlinge vielfach. Im nüchtern betitelten Kapitel »Lageralltag« berichtet er etwa vom Blockältesten Raschke, der die Häftlinge, die zur Arbeit getrieben wurden, auf dem Appellplatz mit den Worten verabschiedete: »Macht, daß ihr an die Arbeit kommt, ihr Hurengesindel, ihr verkommenes Lumpenpack, ihr Judenstinker! Hoffentlich verrecken heute wieder einige von euch, dann spare ich mir die Arbeit, dann brauch ich euch nicht totzuschlagen!«[141] Totschlag ist hier eine Form von Arbeit.

Zum Kapitel »Lageralltag« gehört eine Passage, in der Wohl erzählt, wie tief auch die Angestellten der IG Farben AG in die Gewalt und das Morden verstrickt waren. Ein Häftling hatte versucht sich umzubringen, indem er sich unter ein vorbeifahrendes Auto warf. Es war der Wagen eines Oberingenieurs der IG Farben AG. Der Häftling überlebte. Der Oberingenieur wies die SS daraufhin an: »Besorgt's ihm tüchtig, dem Feigling, er hat's verdient.«[142] Wieder Gewalt als Dienstanweisung.

Auch ganz normale Angestellte waren in Zwangsarbeit und »Vernichtung durch Arbeit«, ins Morden und Befehlen, eingebunden. An vielen Orten arbeiteten zivile Angestellte und Arbeiter:innen mit KZ-Häftlingen zusammen, die Buna-Baustelle in Auschwitz ist nur einer davon. Sie waren dabei eine zentrale Stütze der Vernichtung *als* Arbeit. Denn jemand musste das Morden auch befehligen. Die »Vernichtung durch Arbeit« wurde von Menschen begleitet, deren Arbeit die Vernichtung oder zumindest das Beaufsichtigen der Vernichtung war.

Aus dem KZ Mittelbau-Dora sind etwa Berichte von Misshandlungen durch deutsche Zivilarbeiter überliefert.[143] Die Zustände gingen sogar der SS zu weit, wie Jan Lormis mir auf einem eindrücklichen Rundgang durch die Gedenkstätte berichtete. Im Juni 1944 sah die SS sich veranlasst in einer geheimen »Sonder-Direktions-Anweisung« zu verdeutlichen, dass die

»Bestrafung von Häftlingen« nicht die Aufgabe der »Gefolgschaftsmitglieder« sei, sondern ihre.[144]

Die Leipziger Hugo Schneider AG (HASAG) hatte einen eigenen Werkschutz, der für die werkseigenen Zwangsarbeitslager zuständig war. Dabei handelt es sich, so der Historiker Martin Clemens Winter, um »eine firmeneigene Gewaltorganisation mit halbpolizeilichem Charakter«.[145] Der Werkschutz befehligte nicht nur die Zwangsarbeit, quälte, prügelte oder trieb an. Er war auch für »Selektionen« zuständig und damit für Massenerschießungen. »Der HASAG-Werkschutz ermordete tausende jüdische Zwangsarbeiter:innen, die bei regelmäßigen ›Selektionen‹ als zu krank und schwach erachtet wurden.«[146] Zu Täter:innen wurden aber auch etliche andere Firmenangehörige: »Betriebsleiter, Meister oder Vorarbeiter:innen schlugen, erpressten und missbrauchten jüdische Zwangsarbeiter:innen.«[147] In die Vernichtung als Arbeit waren damit nicht nur die SS, KZ-Aufseher:innen oder Wehrmachtsangehörige eingebunden, sondern auch Zivilarbeiter:innen, die mit Zwangsarbeiter:innen oder KZ-Häftlingen zusammenarbeiteten.

Beim Lesen des Berichts von Tibor Wohl lässt sich begreifen, dass »Arbeit macht frei« mehr als eine zynische und menschenverachtende Devise war. Sie galt nicht nur den KZ-Häftlingen, sondern auch den SS-Angehörigen, KZ-Aufseher:innen und zivilen Angestellten. Das Versprechen »Unsere Arbeit macht uns frei« war sicher auch für diejenigen zu vernehmen, die in Auschwitz und andernorts täglich Arbeitskommandos befehligten. Ihre Arbeit sollte sie frei machen. Nur wovon überhaupt?

Wovon befreit die »deutsche Arbeit«?

»Im Bekleidungswerk« in Majdanek, einem Konzentrations- und Vernichtungslager in Lublin, im Osten Polens, »hängten die Deutschen manchmal Juden am Lagertor auf«[148], berichtet Goldhagen in »Hitlers willige Vollstrecker«. Dadurch konnte man schon von weitem sehen, »worum es im Bekleidungswerk wirklich ging« und »wie die jüdischen Insassen diese Institution verlassen würden«.[149] Goldhagen hält dieses Ritual für eine Art »Weiterentwicklung«[150] des Lagertors in Auschwitz mit der berühmten Inschrift. Die »zwar sowohl ironisch als auch irreführend gemeint war, aber dennoch mehr subjektive Wahrheit zum Ausdruck brachte, als den Deutschen häufig selbst bewußt war.«[151] Denn »für die Juden repräsentierte der aufgehängte Leichnam die Art von Freiheit, die auch die ›Arbeit‹ verkörperte.«[152] Arbeit machte tot. Zur subjektiven Wahrheit der KZ-Devise gehört, dass dieses grauenvolle Beispiel für die Nationalsozialisten eine Form der Freiheit und Befreiung meint. Das hat mit ihrem eliminatorischen Antisemitismus zu tun, der die NS-Arbeitsauffassung von Anfang an prägte.

Im August 1920 hielt Adolf Hitler eine Rede mit dem Titel »Warum sind wir Antisemiten«.[153] Darin definiert er eine Arbeit dann als deutsche, wenn sie der Volksgemeinschaft dient. Das ist die Grundformel der nationalsozialistischen Arbeitsauffassung: Arbeit ist ein Dienst an der Volksgemeinschaft. Alles, was getan wird, soll im Dienste dieser höheren, völkisch gedachten und antisemitisch konzipierten Entität getan werden. Der Antisemitismus ist jener Idee der Volksgemeinschaft von Anfang an eingeschrieben. Bereits im 25-Punkte-Programm, verkündet im Februar desselben Jahres, betonte die junge NSDAP, dass Judinnen:Juden niemals Teil dieser Gemeinschaft sein könnten.[154]

Die Volksgenoss:innen leisten diesen Dienst Hitler zufolge aus »sittlich-moralischem Pflichtgefühl«[155]. Ihre Arbeit soll das Ziel haben, die deutsche Volksgemeinschaft zu stärken. Diese musste aus der Perspektive der Nationalsozialisten erst einmal (wieder) hergestellt werden, sobald sie an der Macht waren: einerseits durch Ausschlüsse, Berufsverbote, Zwangsausbürgerungen, Arisierungen, durch Verfolgung und schließlich durch Vernichtung, andererseits aber auch durch Aktivierungen, Aufrufe zur Mitarbeit, durch Praktiken der Erfahrbarmachung »deutscher Arbeit«, durch Inszenierungen und Institutionalisierungen, durch Experimente auf dem Feld der Menschenführung.

Der Antisemitismus bestimmte jene Arbeitsauffassung. »Der Jude« wird in der Hitler-Rede von 1920 zur Gegenfigur, zum Vertreter der »Gegenrasse« aufgebaut. Ihn unterscheide wesentlich vom Deutschen die Art zu arbeiten. Denn während Deutsche aus Gemeinnutz, d. h. für die anderen Volksgenoss:innen, arbeiteten, würde »der Jude« allein aus Eigennutz arbeiten. Und das sei, genauso wie »Raub«, nicht als Arbeit zu definieren. Diesem Antisemitismus zufolge betreiben Jüdinnen:Juden eine gefährliche Form der Nicht-Arbeit, die korrumpieren und zersetzen soll – und nicht unbeantwortet bleiben kann. Der Historiker Felix Axster schlug deshalb vor, hier von »Anti-Arbeit«[156] zu sprechen.

1919 veröffentlichte Gottfried Feder, der damalige Wirtschaftsspezialist der DAP, die sich erst im folgenden Jahr NSDAP nannte, das »Manifest zur Brechung der Zinsknechtschaft«. Seiner zutiefst antisemitischen Analyse zufolge stecken »die Juden« hinter Zinsen und Finanzkapital und beherrschen die Welt. Seine Forderung: »[D]ie Befreiung von der Zinsknechtschaft des Geldes ist die klare Losung für die Weltrevolution, für die Befreiung der schaffenden Arbeit von den Fesseln der überstaatlichen Geldmächte.«[157] Die »Brechung der Zinsknechtschaft« soll der »einzige Ausweg« sein aus der »Versklavung der ganzen Welt durch die Goldene Internationale«.[158] Dass dahinter angeblich »der Jude« stecke, deutet Feder immer wieder durch die Verwendung des Namens Rothschild als antisemitischen Code an. Der Nationalsozialismus redet also von Freiheit und Befreiung. Nur wovon?

Die Nationalsozialisten glaubten in »den Juden« das Übel der Welt gefunden zu haben. Einen Feind, der innen wie außen stehe und den gemeinschaftlichen Zusammenhalt bedrohe – der »zersetze«, um es in der Sprache der Antisemit:innen zu sagen. Mit dieser Feindlichkeit verspürten sie das Gefühl, auf der richtigen Seite zu stehen und Gutes zu tun. Diese Funktion erfüllte der Antisemitismus damals wie er es heute tut. Die Nationalsozialisten glaubten, sie müssten die Welt von diesem Übel befreien. Ihre Arbeit sollte sie frei machen; frei vom Zersetzenden und Beherrschenden, frei von dem, was die deutsche Volksgemeinschaft hindere und bedrohe, vom »Juden« wie vom Jüdischen. Der Holocaust-Forscher Saul Friedländer spricht deshalb vom »Erlösungsantisemitismus«, den die Nazis vertraten. Die nationalsozialistische »Mission«, wie das Moishe Postone nennt, bestand in der »Erlösung der Welt von der Quelle allen Übels in Gestalt der Juden«.[159] Diese Erlösung sollte nicht zuletzt durch Arbeit bewirkt werden. Die Militarisierung der Sprache der Arbeit im »Dritten Reich« ist Ausdruck dieses Kampfs. Worte wie Soldat der Arbeit, Arbeitsschlacht oder Arbeitsfront beschrieben jetzt den Kampf für eine starke Volksgemeinschaft – und das bedeutete eine Schwächung alles Jüdischen. In »Arbeit macht frei«, so schließt Sandra Rokahr, konzentriert sich ein »eliminatorische[r] Befreiungsgedanke«[160]. Schatz und Woeldike identifizieren die »Synthese von ›deutscher Arbeit‹ und einer Freiheit, die in Deutschland immer die ›Freiheit vom Fremden‹ meinte« als Wahn, der in der Torinschrift paraphrasiert wurde.[161]

So steht auch das Symbol der NSDAP, die Hakenkreuzfahne, für diese Arbeitsauffassung und den mit ihr verwobenen Antisemitismus Hitler erklärt dies in »Mein Kampf«:

> Im *Rot* sehen wir den sozialen Gedanken der Bewegung, im *Weiß* den nationalistischen, im *Hakenkreuz* die Mission des Kampfes für den Sieg des arischen Menschen und zugleich mit ihm auch den Sieg des Gedankens der schaffenden Arbeit, die selbst ewig antisemitisch war und antisemitisch sein wird.[162]

Diese schaffende Arbeit sollte antisemitisch sein. Das brachte mit sich, dass sie in einem sehr spezifischen Sinne frei machen sollte. Arbeit sollte nicht die Einzelnen befreien, keine Individuen frei machen – keine KZ-Häftlinge und sonst auch niemanden. Vielmehr sollte diese schaffende Arbeit die deutsche Volksgemeinschaft frei machen. Deshalb verspricht Ley auch niemandem, »deine Arbeit macht dich frei«. Seine Freiheit wird stets nur in der ersten Person Plural formuliert: »Unsere Arbeit macht uns frei«.

Die Konzentrations- und Vernichtungslager in Auschwitz wie die der Aktion Reinhardt sind die Orte, an dem dieser antisemitische »Befreiungsschlag« systematisch organisiert wurde. Aus ganz Europa wurden Jüdinnen:Juden in die Lager deportiert, um sie zu ermorden und zu beweisen, dass Arbeit frei machte; nicht sie frei mache, sondern die Deutschen, die daran glaubten, mit dem Massenmord eine neue Gemeinschaft zu erschaffen. Der antisemitische »Befreiungsschlag« offenbart sich in sämtlichen »Aktionen« gegen Jüdinnen:Juden, in den Pogromen im November 1938, den Massenerschießungen in Babyn Jar und andernorts, dem Morden mit Gaswagen in Chelmno, den Auslöschungen ganzer jüdischer Gemeinden in ganz Europa, die entgegen jeder militärischen Logik noch betrieben wurde, als der Krieg schon kaum noch zu gewinnen war. Der Vernichtungsantisemitismus war das leitende Motiv des Nationalsozialismus.

Der Satz »Arbeit macht frei« steht dafür, was die Nationalsozialisten an Barbarei vollzogen. Dieser Satz drückt aus der Perspektive der Nationalsozialisten das aus, was auf der Titelseite des »Schulungsbriefs« stand: »Arbeit führt uns zum Sieg«; zum Sieg gegen »den Juden«. Es handelt sich dabei um eine eigene subjektive Wahrheit, wie es Goldhagen beschreibt, weil es den Nationalsozialisten als wahr erschien, dass ihre Arbeit sie befreite.[163] Brückner interpretiert den Ausspruch auf folgende Weise: »Hinter der Devise ›Arbeit macht frei‹ am Tor zur Hölle von Konzentrationslagern verbirgt sich das ursprüngliche Ziel für den Himmel auf Erden der germanischen Herrenmenschen in der SS.«[164] Der Lagerkommandant von Auschwitz, Rudolf Höß, berichtet, dass er davon überzeugt war, für diesen »Endsieg« zu arbeiten. Dazu habe er »nach dem Willen« von Heinrich Himmler aus »Auschwitz die größte Menschen-Vernichtungs-Anlage aller Zeiten gemacht«.[165] Das germanische Paradies sollte durch systematischen Massenmord geschaffen werden.

Werner Hamacher spricht in ähnlicher Weise von »Arbeit macht frei« als »Resurrektionsformel der national-christlichen, nekro-vitalistischen Mythologie des Faschismus«, die »Auschwitz als Arbeitsplatz« definiert.[166] Ein Arbeitsplatz, an dem die Vernichtung als Arbeit ausgeführt wird, oder mit den Worten von Hamacher, an »dem das Nicht-Eigene,

Nicht-Arbeitende und, so wird insinuiert, deshalb schon Tote noch einmal zu Tode gebracht wird, damit das Eigene, die Arbeitsgesellschaft als ihr eigenes Arbeitsprodukt hervortreten kann.«[167]

Ziel des Nationalsozialismus war die Herstellung einer völkischen Arbeitsgesellschaft, in der die »Arier« ihren Dienst leisteten. Denn in den Augen der Nazis ist das Leben ein Kampf und die Arbeit die Waffe in diesem Kampf. Nur wer arbeitet, lebt. Wer nicht arbeitet, der lebt nicht; dieser Vorwurf traf teils die als »asozial« oder »arbeitsscheu« Verfolgten sowie Sinti:zze und Rom:nja, aber besonders Jüdinnen:Juden. Deren Arbeit galt nicht als Arbeit, sondern, so Goldhagen, als »suspended form of death – in other words, it was death itself.«[168] In der deutschen Übersetzung fehlt der Gedanke hinter dem Gedankenstrich. Das Kapitel »Arbeit und Tod« endet hier mit dem schlichten und unterkomplexen Satz: »Die Arbeit der Juden war der Tod auf Raten.«[169] Ausgedrückt wird in der deutschen Vereinfachung noch der Gedanke, dass Jüdinnen:Juden zum Tode bestimmt waren, aber für den Moment am Leben gelassen wurden, um durch Arbeit vernichtet zu werden. Was allerdings in dieser deutschen Übersetzung verloren geht, ist die von Goldhagen gedachte Hamachersche Einsicht, dass die Arbeit »der Juden« in den Augen der Nationalsozialisten der Tod höchstselbst war.

»Arbeit macht frei«, schreibt Hamacher, »täuscht nicht über die Realität der Arbeit, sondern spricht ihre Wahrheit aus: Das System der Befreiung durch Arbeit und damit das System der Selbstproduktion – der Produktion der *Figur* des Selbst – ist das System von Dachau.«[170] Konzentrations- und Vernichtungslager, die antisemitischen Maßnahmen insgesamt hatten zum Ziel, eine deutsche Volksgemeinschaft herzustellen. Sie sollten das Selbst des Nationalsozialismus produzieren durch radikalen und brutalen Ausschluss alles »Fremden«. Aus den Fremdbildern wurde das Selbstbild konstruiert. Der deutsche Arbeitsfetisch galt für alle und damit auch für die Volksgenoss:innen. Darauf fokussiert sich Primo Levi in seiner Auseinandersetzung mit der KZ-Devise, und Jean Améry weist die deutsche Unfreiheit nach, die dieser Fetisch mit sich brachte.

Arbeit macht unfrei. Jean Améry und Primo Levi

Die Torinschrift »Arbeit macht frei« ließ Primo Levi nie wieder los. In seinem berühmtesten Buch, dem autobiografischen Bericht »Ist das ein Mensch?«, schreibt er, dass ihn »ARBEIT MACHT FREI« – Levi schreibt es in Großbuchstaben – »noch heute in [s]einen Träumen bedrängt«.[171] Immer wieder kam er in seinem Schreiben auf diese drei Worte zurück.

Levi wurde mit 24 Jahren im Dezember 1943 in Italien verhaftet, nachdem der Chemiker sich der Partisanengruppe »Giustizia e Libertá« angeschlossen hatte. Nach einem Aufenthalt im Lager Fossoli bei Modena wurde er nach Auschwitz deportiert. In Buna-Monowitz musste er Zwangsarbeit leisten. Schwerkrank ließ die abziehende SS ihn im Januar 1945 dort zurück, wo Levi – wie Tibor Wohl – von der Roten Armee befreit wurde. Levi begann in den nächsten Jahrzehnten Texte und Bücher über die Shoah zu verfassen. Wie bei Wohl lehnten die großen Verlage 1947 sein Manuskript von »Ist das ein Mensch?« ab. Es erschien allerdings im selben Jahr in einer Auflage von 2.500 Exemplaren in einem kleinen Verlag, wurde jedoch kaum wahrgenommen. Erst 1958 gelang ihm der Durchbruch mit einer überarbeiteten Neuausgabe, die vom Verlag Einaudi veröffentlicht wurde.[172] Das Buch hat sich seitdem in Italien und in der ganzen Welt als eines der größten literarischen Werke und Zeugnisse des 20. Jahrhunderts etabliert. Am 11. April 1987 wurde Levi tot im Treppenschacht seines Hauses gefunden. Die meisten Forscher:innen gehen davon aus, dass er Suizid beging, auch wenn sich das abschließend nie klären ließ.[173]

Levi schrieb mindestens drei Mal über die KZ-Devise: in seinem ersten Buch, in seinem letzten Buch und in einem kurzen, aber pointierten Text, den er Ende der 1950er-Jahre veröffentlichte. Dort stellt er seine zentrale Auseinandersetzung mit den Worten »Arbeit macht frei« dar.

Die Bedeutung des Spruches, so Levi in dem kurzen Text, sei rätselhaft. Es brauche eine vertiefte Analyse, um sie zu verstehen. Sicher sei der Satz nicht wortwörtlich gemeint. Er bedeutete nicht, dass Häftlinge tatsächlich durch Arbeit hätten freikommen sollen. Naheliegender sei eine andere Lesart: »It is more likely that the meaning is ironic, springing from the heavy, arrogant, funereal wit to which only Germans are privy, and which only in German has a name.«[174] Demnach sei der Satz ironisch gemeint und entspringe einer spezifisch deutschen Art des Humors. Levi übersetzt die rätselhafte Inschrift deshalb in »explicit language«: »Work is humiliation and suffering, and it is not fit for us, the *Herrenvolk*, the people of masters and heroes, but for you, enemies of the Third Reich. The only freedom which awaits you is death.«[175] Arbeit ist demnach Erniedrigung und Leiden und gerade nicht für die deutsche »Herrenrasse« bestimmt, sondern für die »Feinde des Dritten Reichs«. Die einzige Freiheit, die diese Feinde erwartet, das betont auch Levi, sei der Tod.

Seine Übersetzung versteht die Devise als Ausdruck von Rassismus und Antisemitismus gepaart mit einem Glauben an die eigene Überlegenheit und einem daraus entstehenden Recht, andere »Völker« und Feinde zu unterwerfen und zu schwerer Arbeit zu zwingen. Die Deutschen träumten demzufolge von einer »New Order«, einer neuen Ordnung, in der einige Völker versklavt sind, während andere ausgelöscht werden – Levi denkt an Jüdinnen:Juden sowie Sinti:zze und Rom:nja. Seine Übersetzung der Devise kann man als Abwandlung und Zuspitzung interpretieren. Aus der Perspektive der Nazis formuliert lautet sie: Eure Arbeit macht uns frei. Eure Arbeit, zu der wir »Arier« euch zwingen, wird die deutsche Volksgemeinschaft frei machen.

Die Konzentrationslager erscheinen Levi als »pilots plants«, Pilotprojekte der neuen Ordnung, ein Vorschein auf das Europa, das die Nazis bei einem Sieg hergestellt hätten. »Arbeit macht frei« wie »Jedem das Seine« hält Levi für eine »Antizipation der Gesetzestafeln«[176] dieser neuen Ordnung. Hätte der Faschismus gesiegt, so endet der Text, wäre diese KZ-Devise omnipräsent gewesen: »If Fascism had prevailed, the whole of Europe would have been transformed into a complex system of forced labour and extermination camps, and those cynically edifying words would have been read on the entrance to every workshop and every worksite.«[177] In der

Neuen Ordnung hätte »Arbeit macht frei« an jeder Werkstatt und jeder Baustelle gestanden.

Adorno geht über den Gedanken des Pilotprojekts hinaus: In seiner Kritik an einem dystopischen Roman von Aldous Huxley kommt er zu dem Schluss: »Die Brave New World ist ein einziges Konzentrationslager, das, seines Gegensatzes ledig, sich fürs Paradies hält.«[178] Den Nationalsozialisten wäre eine Welt ohne »Juden« wie das Paradies vorgekommen, eine schöne, neue Welt, eine neue Ordnung, die wie ein einziges Konzentrationslager funktioniert hätte. Am Tor zu dieser neuen Welt, so kann man mit Levi vermuten, hätte wohl auch »Arbeit macht frei« gestanden.

In Levis Text deutet sich eine Lesart an, die ich hier zuspitzen will. Levi wirft den Deutschen vor, dass sie Arbeit verachten und sich als »Herrenmenschen« aufführen, um sie zu vermeiden. Er sieht – nach elf Monaten eingesperrt und gequält in einem deutschen Konzentrationslager – mit aller Klarheit die brutalen Konsequenzen, die der wahnhafte Rassismus und Antisemitismus zeitigt. Demnach erscheinen SS-Angehörige wie KZ-Aufseher:innen nicht als Arbeitende. Arbeit ist den Häftlingen vorbehalten. Die »Herren« dieser Ordnung befehlen und befehligen nur, sie quälen und morden. Diese Tätigkeiten sind in Levis Augen keine Arbeit. Dennoch stellt er die neue Ordnung der Nazis sich so vor, dass in dieser die Devise über *jedem* Arbeitsort gestanden hätte, also auch über solchen Orten, an denen die angeblichen Vertreter:innen der »Herrenrasse« ihrer Arbeit nachgegangen wären.

In seinem letzten Buch, 1986 veröffentlicht, schreibt Levi zudem: »Jeder mußte arbeiten, denn ›Arbeit macht frei‹. Stand es etwa nicht so über dem Lagereingang geschrieben? Das war kein Witz, das war Ernst.«[179] Im Kontext gelesen meint Levi auch hier die Häftlinge. Zusammenfassend betrachtet ergibt sich jedoch ein anderes Bild. Demnach bezieht sich die Torinschrift auf alle Arbeitenden und damit auch auf die KZ-Aufseher:innen wie die SS-Männer. Er gilt nicht nur für die konstruierten »Feinde«, sondern auch für die Deutschen selbst. Diese Bedeutung vertrat der Lagerkommandant von Auschwitz, Rudolf Höß, in seinen in polnischer Haft geschriebenen (beschönigenden und verzerrenden) Erinnerungen, wenn er schreibt, ihm sei klar gewesen, dass aus »Auschwitz nur etwas Brauchbares werden könnte durch unermüdliche zähe Arbeit aller, vom Kommandanten bis zum letzten Häftling«[180]. Die auf brutal zynische Weise alle einschließende Bedeutung gehört zur Wahrheit dieser Devise, auch wenn der Satz für die verschiedenen Gruppen unterschiedliche Bedeutungen hatte: Während einige sich zu Herren erhoben und ihre Herrschaft mit brutaler Gewalt exekutierten und zementierten, wurden andere zu Arbeit gezwungen und wieder andere durch Arbeit umgebracht. Levi ringt in seiner Erwiderung auf die KZ-Devise mit der nationalsozialistischen Arbeitsauffassung, die als Arbeit zählt, was nicht als solche zählen dürfe: Krieg, Mord, Vernichtung. Daneben setzt er einen emphatischen Begriff von Arbeit, der den »Herrenmenschen« gänzlich fehle. In seinem Roman »Der Ringschlüssel«, so die Literaturwissenschaftlerin Lucie Benchouiha, versuchte er zu zeigen, dass andere Arbeit tatsächlich frei machen konnte.[181] Denn die Arbeit des Protagonisten ist »humanising, dignified and dignifying therefore has its roots precisely as a reaction to and against Levi's experiences and analysis of the concentration camp«.[182]

Jean Améry geht in seiner Auseinandersetzung mit der KZ-Devise einen anderen Weg. Während Levi den Deutschen eine Arbeitsabneigung zuschrieb, attestierte Jean Améry ihnen einen ausgesprochenen Arbeitsfetisch, der sie selbst unfrei mache.[183] Zugespitzt ist – aus Amérys Perspektive – damit gemeint: Eure Arbeit macht euch unfrei.

Im Vorwort zu seinem berühmtesten Buch, der Aufsatzsammlung »Jenseits von Schuld und Sühne« schreibt Améry, dass er mit dem Beginn des Auschwitz-Prozesses »nach zwanzig Jahren Schweigens«[184] seinen ersten Text über die eigenen Erlebnisse in nationalsozialistischen Konzentrationslagern verfasst habe. Das suggeriert, Améry habe erst 1964 angefangen, darüber zu schreiben, jedoch befasste er sich schon wenige Wochen nach seiner Befreiung im Sommer 1945, wie Gerhard Scheit in einem Nachwort erklärt, mit seiner Zeit in Buna-Monowitz und mit der KZ-Inschrift. Der »programmatische Text«[185] unter dem Titel »Zur Psychologie des deutschen Volkes« blieb zu seinen Lebzeiten unveröffentlicht. Scheit spekuliert, dass einzelne Passagen bereits während Amérys Zeit in Buna-Monowitz, als dieser noch Hannes Mayer hieß, geschrieben worden sein könnten.[186] Sein zwanzigjähriges Schweigen erfolgte damit nach diesem Text.

Améry flüchtete 1938 vor den Nazis von Wien aus nach Belgien. Als sie 1940 auch dort einmarschierten, wurde er verhaftet und im französischen

Lager Gurs interniert, wo er fliehen konnte. Améry schloss sich dem Widerstand an. Im Juli 1943 wurde er beim Verteilen von Flugblättern gefasst, inhaftiert und schwer gefoltert. Anfang 1944 deportierten die Deutschen Améry nach Auschwitz, wo er ab Sommer als Schreiber im Buna-Werk arbeiten musste. Vor der Befreiung deportierten die Nazis ihn zunächst ins KZ Mittelbau-Dora im Harz, dann nach Bergen-Belsen, nördlich von Hannover. Dort wurde Améry schließlich im April von britischen Truppen befreit; drei Monate nach Tibor Wohl und Primo Levi, mit dem Améry wohl in derselben Baracke in Monowitz untergebracht war, wenngleich Levi sich an ihn nicht mehr erinnern konnte. Die beiden bezogen sich in ihrem Schreiben immer wieder aufeinander, durchaus in Widerspruch zueinander und mit wechselseitiger Kritik. Der israelische Philosoph Yochai Ataria spricht gar von einer »tiefsitzenden (wenn auch gut versteckten) Feindseligkeit«[187] der beiden. Améry arbeitete in der Nachkriegszeit als Schriftsteller. 1978 nahm er sich das Leben.

Amérys Textsammlung »Jenseits von Schuld und Sühne« hat, so Scheit, »den eigenen Status des jüdischen Opfers als Fluchtpunkt«[188]. Schon der Untertitel »Bewältigungsversuche eines Überwältigten« spricht das deutlich aus. Darin berichtet er von seiner Verhaftung, der Folter, der er ausgesetzt war, seiner Zeit im Konzentrationslager und setzt sich damit auseinander, dass die Nürnberger Rassengesetze ihn unweigerlich zum Juden gemacht haben – ob er wollte oder nicht.

Dagegen spricht er in dem unveröffentlichten Text »fast als unbeteiligter ›Psychologe‹«[189], der die Verbrechen der Nazis zu analysieren versucht. Gerhard Scheit bringt auf den Punkt, worum es ihm ging: Améry berichtete »als Zeuge, nicht als Opfer«[190].

»Zur Psychologie des deutschen Volkes«, entstanden unmittelbar nach dem Krieg, verwebt teils drastisch erzählte Erinnerungen an die Zeit im Konzentrationslager mit nüchtern daherkommenden Überlegungen zu Fragen von Schuld, Sühne, Rache und Verantwortung. Der Text beginnt literarisch: »Ströme von Blut sind geflossen. Eine der furchtbarsten Perioden in der Geschichte der Menschheit geht zu Ende und die wahrscheinlich furchtbarste, die tragischeste [sic!] Periode in der Geschichte des deutschen Volkes beginnt.«[191] Denn jetzt sei die Zeit gekommen, in der von überall nach »Rache«[192] gerufen werde. Améry verortet sich im Text zwischen dem »racheschreiende[n] Masseninstinkt und friedeflötender Realpolitik«[193]. Sein Ziel sei es, »die Wahrheit zu erkennen« und »zu verhindern, daß jemals wieder unter irgendeinem Vorwand das blutige Abenteuer, das wir wunderbarer Weise lebend überstanden haben, beginnen könnte«.[194]

In seiner Untersuchung zur »Psychologie des deutschen Volkes« geht es nicht zuallererst um die Frage nach Schuld oder Sühne. »Wir glauben nicht, daß geschehenes Leid durch neues Leid ausgelöscht werden könne.«[195] Vielmehr gehe es darum, zu analysieren, ob »das deutsche Volk als besserungsfähig, d. h. verantwortlich«[196] einzuschätzen sei. Für die Täter und Mittäter ist diese Frage schnell beantwortet. Améry fordert nichts weniger als deren Hinrichtung,

> die integrale physische Extermination von sämtlichen führenden Parteipersönlichkeiten, sämtlichen Führern und Unterführern der SS, dem gesamten Personal der Geheimen Staatspolizei, – und natürlich all jenen Personen, die, gleichgültig an welcher Stelle, begangener Grausamkeitsakte überführt sind.[197]

Im Gespräch mit Saul Friedländer bemerkte der Historiker Raphael Gross einmal im Frankfurter Schauspielhaus, dass die Todesstrafe in der BRD vielleicht auch deshalb abgeschafft worden ist, um genau dieser Forderung nicht zu entsprechen, um die Täter:innen lebend davonkommen zu lassen. Es wurden nach 1945 viel zu wenige Täter:innen und Mittäter:innen verurteilt, kaum jemand saß lange im Gefängnis, hingerichtet wurde fast niemand. Für die Überlebenden und Entronnenen ist das der blanke Hohn.

Wie sieht es aber bei der breiten Masse aus? Ist die ebenso nicht besserungsfähig? Um sich dieser Frage anzunähern, erzählt Améry eine Geschichte aus seiner Zeit in Buna-Monowitz. Er wurde als Schreiber eingesetzt, was zumindest körperlich eine weniger anstrengende Arbeit war, die auch nicht pausenlos von Schlägen begleitet wurde. In dieser Funktion arbeitete Améry mit »Meister Pfeiffer« zusammen, einem »gutartig[en] Mensch[en]«, der seit »17 Jahren im Dienste« der IG Farben AG stand und vor 1933 Sozialdemokrat gewesen sei. Pfeiffer ist einer derjenigen, für die Auschwitz ein Arbeitsplatz war.

Améry erzählt davon, dass Pfeiffer ihm einmal auftrug, eine Meldung zu verfassen, in der ein Mithäftling der Faulenzerei bezichtigt wurde. Ihm war bewusst, was das für den Häftling bedeutet hätte, weshalb Améry einhakte und nachfragte. Nach all dem, was diesem Häftling widerfahren ist, »[u]nter solchen Umständen soll er arbeiten wollen? Sie verlangen ernstlich von ihm, daß er wolle?«[198] Das hätte Améry das Leben kosten können. Aber Meister Pfeiffer meldete den widerständigen Häftling nicht bei der SS, sondern erwiderte, so dürfe man das alles nicht sehen. Die »Arbeit muß gemacht werden, man verlangt sie ja von mir auch.«[199] Jeder musste arbeiten, hatte Primo Levi geschrieben. Dies unterstützt die These, dass »Arbeit macht frei« sich an alle richtete, an alle Arbeitenden. Meister Pfeiffer schien genau diesen Gedanken verinnerlicht zu haben.

Améry geht davon aus, dass die breite Masse besserungsfähig ist. Dabei unterscheidet er sie in seiner Analyse scharf von der NS-Elite und den Intellektuellen. Die Trennung erscheint uns zu Recht als anachronistisch und künstlich. Etliche Studien haben gezeigt, wie sehr diese breite Masse in den Nationalsozialismus und seine Verbrechen eingebunden war. Ohne solch eine Masse hätte es diese Verbrechen nicht in dem Ausmaß geben können.

Interessant für die Untersuchung des vorliegenden Buches ist, dass Améry in seiner Analyse der Masse und ihrem Handeln im NS, auch auf »deutsche Arbeit« reflektiert. Denn das Kapitel, in dem Améry die Geschichte mit Pfeiffer erzählt, heißt »Arbeit macht unfrei«[200]. Das deutsche Arbeitsethos schien für ihn ein zentraler Faktor zu sein. »Das deutsche Volk ist ein arbeitsames Volk«, schreibt Améry: »Die Deutschen schuften brav und geduldig, und es fehlt ihnen darum das Leichte, Spielerische, das wundervolle ›Laisser faire‹ der romanischen Völker, alles Elegante, Luxuriöse.«[201] Die Nazis hätten diese deutsche Eigenart erkannt und sich zunutze gemacht. Améry gerät hier merkwürdig nah an eine Manipulationstheorie: »Die Nazis waren immer gute Psychologen gewesen. Sie hatten die Bereitschaft dieses glanzlosen Volkes zu stummer betäubender Arbeit erkannt.«[202] Die Arbeit als höchsten Wert auszurufen, sei ein »Trick« gewesen und »ein voller Erfolg.«[203] Die NS-Führung hat sich dieser »Nationaleigenschaft« sehr geschickt bedient.[204]

Die »deutsche Arbeitsbesessenheit« habe aber »tiefere Ursachen«, sei verwandt mit einem »deutsche[n] ›Ethos der Arbeit‹«, der deutschen

»Unfähigkeit zur Freude« und einer »irrationale[n] Besessenheit von einer (gleichgültig welcher) Sache, die man um ›ihrer selbst willen‹ tut«.[205] Es war Richard Wagner, der im 19. Jahrhundert auf die Frage, was deutsch sei, antwortete: »deutsch sein heißt, eine Sache um ihrer selbst willen tun.«[206]

Arbeit mache die Deutschen unfrei, weil die »arbeitsbetäubten, des Denkens längst entwöhnten Gehirne«[207] der NS-Propaganda nichts mehr entgegenzusetzen hatten. In seiner Analyse betont Améry immer wieder die deutsche Besonderheit dieser Arbeitsbesessenheit und beschreibt ihre Konsequenzen. Dennoch betont er in dem Text, dass auch »andere Völker« für diese Art Propaganda anfällig gewesen wären. Weil Propaganda die Menschen abstumpfen lasse und verrohe. Deshalb schließt er, dass sich »das deutsche Volk in seiner Gesamtheit nicht schuldig gemacht« habe und durchaus besserungsfähig sei.[208] Schuldig sei das deutsche Volk vielmehr wegen dem, was es nicht getan habe, was es unterlassen habe. Viel zu wenige »Helden des Widerstandes«[209] hat es gegeben. Da gibt es für Améry keinen Zweifel. Die Aufgabe bestehe jetzt darin, das deutsche Volk zu erziehen: »[W]ir dürfen ihm diese Erziehung weder zu leicht noch zu schwer machen.«[210]

In Amérys Ausführungen spielt der Bezug auf die KZ-Inschrift eine wichtige Rolle. Er begreift die »Arbeit«, die Arbeitsbesessenheit, die Arbeitsauffassung und den Arbeitsfetisch als Varianten von Unfreiheit. Scheit spitzt das zu: »Arbeit macht unfrei, diese Unfreiheit aber mit allen Sinnen zu bejahen, mache deutsch.«[211] Nicht nur brachte der Nationalsozialismus Millionen Verfolgten den Tod und unfassbares Leid, er führte auch zur Unfreiheit; und zwar nicht nur zur Unfreiheit der KZ-Häftlinge, sondern, das ist Amérys besonderer Einwand, zur Unfreiheit der Deutschen. Der Boden dafür war fruchtbar, das erkennt Améry, indem er in der Rolle des Psychologen auf die lange Vorgeschichte der Frage, was deutsch sei, blickt.

Levi und Améry kontern die KZ-Devise unterschiedlich. Levi schreibt über die Herrschaft, die sich in ihr ausdrückt, und über den Rassenwahn. Denn die selbsternannten »Herrenmenschen« erschufen sich eine Ideologie, die ihren Status legitimierte und zementierte. Améry sieht den dialektischen Umschlag dieser Herrschaft in Selbstbeherrschung. Die Arbeit machte auch die Deutschen unfrei. Eine Unfreiheit, die sich laut Schatz und Woeldike daraus ergibt, dass die »Verinnerlichung des Arbeitsethos« in Deutschland eine notwendige Bedingung für die »Verinnerlichung von Staatsdenken und Gemeinschaftsdenken« sei.[212]

Amérys und Levis Einwürfe verweisen darauf, dass sich hinter der KZ-Devise »Arbeit macht frei« vielfältige Bedeutungen befinden. Auf Robert Leys Versprechen »Unsere Arbeit macht uns frei« kann man mit Levis Analyse der NS-Herrschaft antworten: Die Arbeit der KZ-Häftlinge und Zwangsarbeiter:innen macht euch frei. Und mit Jean Améry ließe sich antworten: Eure Arbeit macht euch unfrei. Die Frage nach den Bedeutungen der KZ-Devise muss also lauten: Wessen Arbeit macht wen frei?

Wessen Arbeit macht wen frei?

Die KZ-Devise »Arbeit macht frei« wurde oft mit den Realitäten in den Lagern verglichen, um dann zu schließen, dass es sich hier nur um Zynismus und Menschenverachtung handeln konnte. Macht Arbeit frei? Das ist die Leitfrage solcher Untersuchungen, die schnell mit Nein zu beantworten ist. Denn in den Konzentrationslagern machte Arbeit nicht frei. Primo Levis Übersetzung in explizite Sprache, wie er sagt, offenbart, dass Arbeit für verschiedene Gruppen der nationalsozialistischen Rassenhierarchie Unterschiedliches bedeuten konnte. Die Arbeit sollte die »deutsche Herrenrasse« frei machen, andere versklaven, unterwerfen, erziehen oder vernichten. Die Frage muss also anders gestellt werden: Wessen Arbeit macht wen angeblich frei?

Das sieht auch Wolfgang Brückner, der die Bedeutungen von »Arbeit macht frei« erklärt, indem er diese Devise zusammendenkt mit der berühmten KZ-Inschrift von Buchenwald »Jedem das Seine«. Diese musste der dort für antifaschistischen Widerstand inhaftierte Franz Ehrlich entwerfen, der später in der DDR als Architekt und Designer Karriere machen sollte.[213] »Jedem das Seine« war von innen lesbar, anders als »Arbeit macht frei«. Es sollte den Eingesperrten auf dem Ettersberg bei Weimar vermitteln, dass sie genau das verdient hätten, weggesperrt, gequält, zur Arbeit gezwungen und ermordet zu werden. Die Nationalsozialisten eigneten sich hier einen Jahrhunderte alten Satz an und rechtfertigten damit ihre brutale Politik.

Denkt man diesen Satz mit »Arbeit macht frei« zusammen, zeigt sich, dass die Nationalsozialisten glaubten, jedem stünde eine bestimmte Art zu arbeiten zu. Adolf Hitler sprach das bereits in »Mein Kampf« offen aus: »Was bei den einen zum Verhungern führt, erzieht die anderen zu harter Arbeit.«[214]

Blickt man von der Arbeitsauffassung der Nationalsozialisten auf »Vernichtung durch Arbeit«, Zwangsarbeit und Erziehung durch Arbeit, dann ergibt sich ein Zusammenhang von Antisemitismus, Rassismus, Antiziganismus und Sozialchauvinismus. Die Nationalsozialisten konstruierten sich eine Rassenhierarchie, die eng mit ihrer Arbeitsauffassung verwoben war. Je nachdem, wo man in dieser Hierarchie stand, drohte Verschiedenes. Arbeitserziehungslager, Zwangsarbeit oder »Vernichtung durch Arbeit« waren Elemente einer brutalen Politik, die Millionen Menschen den Tod und Unzähligen Unheil brachten. Analytisch lassen sich diese Praktiken beschreiben und sortieren. In der Praxis waren die Übergänge jedoch fließend und die Effekte auch von subjektiven oder kontingenten Faktoren abhängig.

Einmal konkret: Schaut man sich einzelne Fälle in Berlin an, ist teils nicht mehr zu ermitteln, mit welchen Gründen jemand ins KZ Sachsenhausen bzw. eines seiner Außenlager überstellt wurde oder in eines der ansässigen Arbeitserziehungslager. Sie alle waren jedoch unterschiedliche Organisationen. Selbst die Trägerschaft war nicht dieselbe: Konzentrationslager unterstanden der SS, Arbeitserziehungslager der Gestapo. Hier, auf dem analytischen Reißbrett, erlaubt der ideologiekritische Blick aber die Differenzen zu bestimmen; wohl wissend um die empirischen Grenzen dieses Verfahrens.

Die Nationalsozialisten wollten »Nicht-Arbeit« abschaffen. Weil diese Ideologie alle gesellschaftlichen Prozesse personifiziert denkt, es in diesem Weltbild immer Schuldige gibt, war dieser Kampf vor allem einer gegen die (angeblich) Nicht-Arbeitenden, gegen Bettelnde, Obdachlose und Landstreicher:innen. Ihnen wurde vorgeworfen, dass sie sich dem Dienst an der Volksgemeinschaft entziehen und damit die Gemeinschaft betrügen. Gleich 1933 wurden Tausende in der sogenannten Bettelrazzia verhaftet und inhaftiert, um sie »zu Arbeit anzuhalten«[215]. Vier Jahre später, während der Aktion »Arbeitsscheu Reich«, wurden erneut mehr als Zehntausend verhaftet und inhaftiert.[216] Diese angeblich oder tatsächlich Unangepassten, denen man »Arbeitsscheue« oder »Asozialität« vorwarf, sollten zu Arbeit erzogen und damit dazu gebracht werden, den Beitrag für die Volksgemeinschaft zu leisten.

Menschen mit Behinderung wurden schlichtweg als unnütz gesehen, wenn sie als arbeitsunfähig galten und damit als unfähig, ihren Dienst zu vollbringen. Ihren Umgang mit Menschen in Heil- und Pflegeanstalten begründeten die Nazis mit der Adaption eines perfiden Satzes aus dem Neuen Testament. In den Paulus Briefen ermahnt dieser die Gemeinde in Thessaloniki: »Wer nicht arbeiten will, der soll auch nicht essen.« Theolog:innen ordnen dies einer Zeit zu, die man Naherwartung nennt, in der die frühen Christ:innen glaubten, Jesus würde jeden Moment wieder zurückkommen. Es könnte sein, dass sich einige angesichts dieser Hoffnung eher auf den »Auszug aus der Welt« vorbereiteten statt »Verantwortung in der Welt« zu übernehmen.[217] Dafür plädiert Paulus mit der Mahnung, so der Theologe Rudolf Hoppe.[218] Man kann den Satz vielleicht auch herrschaftskritisch lesen, als Kritik an denjenigen, die von der Arbeit anderer Leben.

Die Nationalsozialsten vereinfachen, indem sie das »Wollen« strichen – damit verwendeten sie eine Variante, die seit vielen Jahrhunderten in Deutschland geläufig war. Im Zuge des sogenannten Hungerkosterlass im Jahr 1942 in Bayern wurde in Einrichtungen für Menschen mit Behinderung – im Sinne der geläufigen Adaption: »Wer nicht arbeitet, soll auch nicht essen« – die Nahrung so verringert, dass sie verhungerten. Wer den Dienst an der Volksgemeinschaft zu leisten nicht im Stande war, wurde als Ballast angesehen, den es abzuwerfen galt. In der Tiergartenstraße 4 in Berlin, heute steht hier Hans Scharouns Philharmonie, wurden unter dem Tarnnamen Aktion T4 die Verbrechen an »lebensunwertem Leben« organisiert. Etwa 200.000 Menschen mit Behinderung fielen dieser »Aktion« durch Gas, Gewehr, Gift oder Verhungern zum Opfer.

Im Zuge des Zweiten Weltkrieges bekamen die Nazis viele Menschen in ihre Hände, die sie abschätzig betrachteten und für »rassisch minderwertig« hielten. Anders als die Volksgenoss:innen, die Ley in seinem Artikel »Unsere Arbeit macht uns frei« im Blick hatte, hatte diese Gruppe von Menschen kein Recht auf Förderung verdient.[219] Vielmehr glaubten die Deutschen, sie hätten ein Recht sie einzusperren und zur Arbeit zu zwingen. 26 Millionen Menschen aus ganz Europa verschleppten die Nationalsozialisten ins Deutsche Reich oder in die besetzten Gebiete. Das Dokumentationszentrum NS-Zwangsarbeit geht von 30.000 Zwangsarbeitslagern aus. Allein in Berlin gab es 3.000 davon. Die Zwangsarbeit war ein »weitgehend öffentliches Verbrechen«[220], alltäglich und omnipräsent. Die Bedingungen, unter denen die Verschleppten Zwangsarbeit leisten mussten, hingen auch davon ab, woher sie stammten. Bürger:innen aus der Sowjetunion, »Ostarbeiter« genannt, standen in der nationalsozialistischen Ideologie am unteren Rand der Liste der zivilen Zwangsarbeiter:innen.

Darunter standen im Nationalsozialismus noch Sinti:zze, Rom:nja und Jüdinnen:Juden. Diesen Gruppen wurde und wird nachgesagt, sie betrieben eine Form der Nicht-Arbeit, die korrumpiere und zersetze und deshalb gefährlich sei, sodass es in dieser Unlogik nicht reichte, sie zur Arbeit zu zwingen. Die Nazis meinten, sie müssten sie ermorden. Die Freiheit ihrer Arbeit führte sie durch den Schornstein. Antiziganismus und Antisemitismus ergänzen sich hier komplementär. Die mit dem Z-Wort Verfolgten gelten als Vertreter:innen einer vormodernen Welt vor der Arbeitsgesellschaft. Ihre Existenz erinnere an die Möglichkeit eines glücklichen Lebens ohne Arbeit. Jüdinnen:Juden dagegen stehen für die Moderne, wenn nicht für eine Hypermoderne, gelten als Vertreter:innen all dessen, was die Nationalsozialisten ablehnen: Demokratie, Menschenrechte, Parlamentarismus, Liberalismus und Kommunismus. Ihnen wurde seit Jahrhunderten vorgeworfen, sie lebten ein Leben in Reichtum ohne Arbeit. Dieser Vorwurf eint Antisemiten von Luther bis Hitler. Jüdinnen:Juden aber auch Sinti:zze und Rom:nja sollten deshalb durch Arbeit vernichtet werden, wenn sie nicht direkt ermordet wurden.

In Zusammenhang mit »Jedem das Seine« lässt sich schlussfolgern, dass »Arbeit macht frei« nicht eine einzige Bedeutung für alle hatte, sondern analog zum antisemitischen, rassistischen, antiziganistischen und sozialchauvinistischen Weltbild Unterschiedliches bedeutete für verschiedene Gruppen. Die Arbeit und Nicht-Arbeit dieser Gruppen sollte sie nicht frei machen. Freiheit wurde nur der »deutschen Arbeit« angedichtet. Und »deutsche Arbeit« meinte in den gerade beschriebenen Fällen auch, Menschen verhungern zu lassen, sie zu erschießen, zu Tode zu hetzen oder zu vergasen. Die angebliche Freiheit der Deutschen bedeutete die Unfreiheit und den Tod der »Anderen«.

Für die sogenannten Volksgenoss:innen, die »arischen« Deutschen, ergibt sich durchaus auch eine Analogie zum Motto des Reichsarbeitsdienstes (RAD), auf die Rensinghoff hingewiesen hat.[221] »Arbeit adelt« stand oft an Eingängen der Reichsarbeitsdienstlager. Die Arbeitsdienstpflicht hat Hitler am 1. Mai 1933 unter tosendem Applaus verkündet: »Es bleibt unser unverrückbarer Entschluß, jeden einzelnen Deutschen, sei er, wer er sei, ob reich, ob arm, ob Sohn von Gelehrten oder Sohn von Fabrikarbeitern, einmal in seinem Leben zur Handarbeit zu führen.«[222] Die enthusiastische Reaktion der Masse beweist, wie sehr der Nationalsozialismus als gemeinsame Verpflichtung wahrgenommen wurde, sich in den Dienst der nationalen Sache zu stellen. Der Antisemitismus war schon immer »Gleichmacherei«[223], betont der Politikwissenschaftler Helmut König. Der Nationalsozialismus ist der Tritt nach unten wie der (angebliche) Tritt nach oben.

Die Ankündigung der Arbeitsdienstpflicht führte ins Zentrum dieser Form des Sozialismus, die mit der sozialistischen Arbeiter:innenbewegung nichts zu tun hatte und nichts zu tun haben wollte. Sozialismus, so betonten die Apologeten des NS stets, heißt, »daß jeder Mensch Pflichten gegenüber der Gemeinschaft«[224] hat. Diese Verpflichtung einzufordern ist wesentliches Momentum des Nationalsozialismus. Der Arbeitsdienst verpflichtete ab 1935 Männer, ab 1937 Frauen. Sie waren in Reichsarbeitsdienstlagern untergebracht, welche unter keinen Umständen mit Zwangsarbeitslagern oder Arbeitserziehungslagern verwechselt werden dürfen, auch wenn sie ebenfalls den Namen Lager trugen. Hier geht es nicht um Praktiken des Strafens und der Repression. Vielmehr war der RAD eine Form der Erziehung, der Aktivierung und Einübung von Mitarbeit. Die Erinnerungen an die Zeit dort zeugen deshalb oft von Nostalgie. Hier wurde Arbeit und Gemeinschaft erfahrbar gemacht. Den vorausgesetzten Antisemitismus und Rassismus verdrängen solche Erinnerungen gekonnt.

Mit Erziehung hatte »Arbeit macht frei« – bezogen auf die KZ-Insass:innen – nichts zu tun. Die Devise bezog sich nicht auf eingeschlossene Volksgenoss:innen – wie »Arbeit adelt« –, die dazu befähigt werden sollten, ihren Dienst an der Volksgemeinschaft noch besser auszuführen, sondern sie bezog sich auf Ausgeschlossene, auf »Andere«, Verhasste und Verfolgte. Die Arbeit, die diese Menschen in den Zwangsarbeits- und Konzentrationslagern ausführen mussten, sollte sie weder frei machen, noch adeln. Nicht in den Augen der Nationalsozialisten. Die Devise über Reichsarbeitsdienstlagern und diejenige über Konzentrationslagern können für die KZ-Insassen demnach nicht analogisiert werden. Die Analogie kann nur auf die Volksgenoss:innen bezogen werden. Denn die Nationalsozialisten waren davon überzeugt, dass ihre Arbeit sie frei machte, und sie glaubten, dass ihre Arbeit sie adele. Die Arbeit der KZ-Aufseher:innen und SS-Männer, die die Vernichtung am Laufen hielten, die der Wehrmachtsangehörigen und Polizeibataillone, die Erschießungen durchführten, die Arbeit der Krankenschwestern und -pflegern, die die Nahrung reduzierten oder die Menschen mit Behinderungen in den gewaltsamen Tod begleiteten, ist in den Augen der Nationalsozialisten befreiend wie adelnd. So brutal es ist, das niederzuschreiben. Hier gibt es durchaus eine Analogie.

Die Nationalsozialisten waren davon überzeugt, dass ihre Arbeit sie frei machen würde. Für die anderen schien die Unfreiheit oder schlimmer noch der Tod gerade Recht. Mit diesem Bedeutungsgehalt verweist die KZ-Devise auf die Ideologie des Nationalsozialismus und zeigt sich als NS-Devise. In »Arbeit macht frei« fallen nationalsozialistisches Versprechen und Verbrechen zusammen.

Die Freiheit der »deutschen Arbeit«. Eine NS-Devise und ihr ideologischer Kontext

Der Satz »Arbeit macht frei«, schrieb Werner Hamacher einmal, könnte aus der 1. Mai-Rede von Adolf Hitler stammen.[225] Denn die Bedeutungsgehalte der NS-Devise verweisen auf die tieferliegende Ideologie und Arbeitsauffassung. Schon wenige Wochen nach der Machtübertragung an die NSDAP verkündete die neue Regierung, dass der 1. Mai von nun an ein staatlicher Feiertag sein werde. Seine Benennung trägt die Nationalisierung bereits im Namen: Tag der nationalen Arbeit.

Der 1. Mai 1933 sollte die performative Gründungszeremonie der deutschen Volksgemeinschaft werden, ein Versuch der Erfahrbarmachung »deutscher Arbeit«. Es ging um Selbstvergewisserung und Selbstproduktion. Deshalb rief Hitler an diesem Tag seinen Volksgenoss:innen zu, sie sollten zusammenhalten und sich in den Dienst der nationalen Sache stellen. Damit versuchten die Nationalsozialisten, klassenkämpferische Ideen mit dem Versprechen von Einigung zu überschreiben.

Dass diese Einigung auf Ausschluss und Repression beruhte, bewiesen die neuen Machthaber bereits am Folgetag mit dem Verbot der Gewerkschaften. Unter Robert Ley besetzte das »Komitee zum Schutz der deutschen Arbeit« Gewerkschaftshäuser, ließ Funktionäre verhaften und zog deren Vermögen ein. Sozialdemokrat:innen, Sozialist:innen und Kommunist:innen wurden brutal verfolgt. Unzählige wurden in den sogenannten »wilden« Konzentrationslagern oder in Dachau eingesperrt, gequält und gefoltert.

Acht Tage später, am 10. Mai, zeitgleich mit den Bücherverbrennungen, gründeten die Nationalsozialisten die »Deutsche Arbeitsfront«, die kein einfacher Ersatz für die Gewerkschaften sein sollte. Ihrem Leiter Robert Ley zufolge war der Name Programm: »Die Arbeitsfront heißt nicht

Arbeiterfront, sondern sie umfaßt als Arbeitsfront Arbeiter, Angestellte und Unternehmer.«[226] Es ging der Arbeitsfront nicht mehr um die Arbeiter:innen und ihre Interessen, sondern darum, alle deutschen Arbeitenden unter einem Dach zu versammeln. Die DAF ist die Institutionalisierung der »deutschen Arbeit« und »der Exerzierplatz, auf dem täglich die Gemeinschaft geübt wird«, so Ley.[227]

Ein heute weitgehend vergessener Vordenker des Nationalsozialismus, Dietrich Eckart, hatte 1919 in München ein Flugblatt verteilt, das zutiefst antisemitisch argumentiert und »die Juden« als das Übel in der Welt sieht. Das Flugblatt richtete sich »an alle Werktätigen. An alle, die arbeiten, ganz gleich was und wo, wenn sie nur arbeiten.«[228] Eckart war überzeugt davon, dass Jüdinnen:Juden nicht arbeiten. Die Deutsche Arbeitsfront nimmt diese Ansprache implizit auf und organisiert alle, die im deutschen Sinne arbeiten, in einer gigantischen Organisation.

Der 1. Mai sollte Einigkeit beweisen. In vielen Städten trafen die Arbeitenden sich deshalb im Betrieb, hörten eine Ansprache des Betriebsführers und marschierten dann gemeinsam zu zentralen Kundgebungsorten. In Berlin gab es einen sechs-säuligen Sternmarsch zum Tempelhofer Feld, auf dem der Architekt Albert Speer eine halbrunde Tribüne hatte bauen lassen. Im Zentrum der Tribüne stand ein Redner-Pult. Eine Million Menschen formierten sich symmetrisch zu dieser Mitte, um am Abend Hitlers Rede zuzuhören, aus der der Satz »Arbeit macht frei« stammen könnte, so Hamacher. Medial wurden die Feierlichkeiten durch den Rundfunk begleitet. Über der Masse schwebte ein Luftschiff, aus dem ein Radio-Moderator live kommentierte. Die Nationalsozialisten taten einiges, um den deutschen Arbeitenden zu ihrem Ausdruck zu verhelfen. Diese Einsicht formulierte später Walter Benjamin: Der Faschismus, schreibt er im Kunstwerk-Aufsatz, »sieht sein Heil darin, die Massen zu ihrem Ausdruck (beileibe nicht zu ihrem Recht) kommen zu lassen.«[229] Die mediale Begleitung wie die parteigesteuerte Organisierung der Feierlichkeiten zum 1. Mai sind Formen davon, dieser Masse zum Ausdruck zu verhelfen. Tatsächlich hätten die Massen, und Benjamin hat vor allem die »proletarischen Massen« im Blick, »ein Recht auf Veränderung der Eigentumsverhältnisse« gehabt.[230] Dazu kam es aber nicht. Die Nationalsozialisten vollzogen mit der Entmachtung der Betriebsräte und dem Verbot der Gewerkschaften nicht nur einen organisatorischen Umbau der Wirtschaft, sondern auch einen semantischen Umbau, indem sie die Begriffe »Betriebsführer« und »Gefolgschaft« in den Mittelpunkt rückten. Sie bemühten sich, alle deutschen Arbeitenden zu aktivieren und zur Mitarbeit anzuregen.

Hitler beschwor von seinem Redner-Pult aus den Aufbruch in eine neue Zeit, die geprägt sein werde von Einigkeit und Zusammenhalt im Gegensatz zu den angeblich spalterischen Vorjahren. Diese Einigkeit werde durch die gemeinsame, »deutsche« und schaffende Arbeit erreicht, die eine »ausgezeichnete und auszeichnende Form des Kampfes«[231] sei, so Hamacher. Und zwar »desjenigen Kampfes, in dem der Klassenkampf überwunden und die Einheit der Volksgenossen und -genossinnen herbeigeführt werden sollte.«[232] Die Deutschen sollten sich hinter die nationale Sache stellen und ihren Dienst leisten, um der Volksgemeinschaft zu neuer Stärke zu verhelfen. Hierzu wurden nicht nur innere wie äußere Feinde markiert und bekämpft, sondern auch Anstrengungen unternommen, die neue Gemeinschaft erfahrbar werden zu lassen – und sie damit in die Welt zu bringen. Die Rede ist Selbstproduktion, insofern das Selbst dieser Volksgemeinschaft aus sich heraus geschaffen werden sollte. Homogenisierung war die eine Bedingung für diese Schaffung, Aktivierung die andere.

Der neue Staat der Arbeit musste als solcher gesetzt und konstituiert werden. Zentral dafür waren die Feierlichkeiten zum 1. Mai 1933, in denen es in erster Linie um die Artikulation des neuen Selbstbildes einer Volksgemeinschaft ging, die gemeinsam arbeitet. Die damit verbundenen Fremdbilder spielten in dieser Rede keine zentrale Rolle. Das Motto des Feiertages lautete »Ehret die Arbeit, achtet den Arbeiter«.

Hitlers Rede, da ist Hamacher zuzustimmen, könnte durchaus einen bestimmten Bedeutungsgehalt von »Arbeit macht frei« enthalten haben, und zwar das spätere Ley'sche »Unsere Arbeit macht uns frei«. Genau das ist es, was der selbsternannte »Führer« seiner Gefolgschaft zurufen will: Wenn wir Deutschen zusammenhalten und wir alle unseren Dienst leisten, entsteht eine geeinte, völkische Gemeinschaft, die so stark ist, dass sie frei ist. Die damit implizierte Unfreiheit und Unterwerfung »rassisch Minderwertiger« oder die angeblich »zersetzende« Anti-Arbeit »des Juden« spielen hier für einen Moment keine Rolle. Auf den Tag genau einen Monat zuvor hatten die Nazis bereits jüdische Geschäfte unter dem

Motto »Kauft nicht beim Juden« boykottiert, belagert oder angegriffen. Der Antisemitismus, begründet mit dieser Freiheit der Arbeit, war bekannt. Nur für den Moment ging es den Nationalsozialisten am 1. Mai um sich, nicht um »die Anderen«. Das Selbstbild konstruiert sich seit jeher durch die Fremdbilder. Die ideologische Vorarbeit dazu leistete Hitler schon viele Jahre zuvor.

Im August 1920 sprach er vor einem größeren Publikum im Münchner Hofbräuhaus-Festsaal. Die Rede war unter dem Titel »Warum wir Antisemiten sind« angekündigt. Jüdinnen:Juden war der Zutritt explizit verboten. Diese Rede, die Hitler mit den Worten »Meine lieben Volksgenossen und Genossinnen«[233] beginnt, ist von »grundlegender Bedeutung«[234] für den Nationalsozialismus. Es ist die Gründungsrede der NS-Arbeitsauffassung, da Hitler seinen Antisemitismus hier über Arbeit begründet und es ihm damit gelingt, die unterbestimmten Fäden aus dem 19. Jahrhundert aufzugreifen und zu einem politischen Programm zu machen.[235] Deutsche Arbeit, so seine Definition, ist etwas, was man für andere tut und nicht nur für sich selbst.[236] Das wird in scharfen Kontrast gesetzt zur Nicht-Arbeit »der Juden«, die nur in ihre eigene Tasche arbeiten würden. Gegen »jüdischen« Eigennutz und damit »Mammonismus« propagiert Hitler hier »arischen« Gemeinnutz. Die Deutschen zeichne aus, dass sie füreinander arbeiten. Der Teufel steckt hier im Detail. Der Gemeinnutz, den die Nazis meinen, war immer nur einer für die »Arier«. »Die Juden« gelten Hitler als »Gegenrasse«, die kein gesundes Verhältnis zu Arbeit haben, weshalb sie auch nicht fähig wären, einen Staat zu gründen.[237] Der Antisemitismus des Nationalsozialismus war also auch antizionistisch.

Die Arbeitsauffassung der Nationalsozialisten ist im Kern antisemitisch. Das Bild von der »deutschen Arbeit«, die gemeinnützig sein soll, entsteht durch die Zeichnung eines Bildes von jüdischem Eigennutz, das an alte antisemitische Tropen vom »gierigen Juden« anschließt. Die von Hitler gezeichnete »Gegenrasse« soll das Übel sein, vom dem die Welt erlöst gehört. Deshalb begründet Hitler an diesem Abend offen und ehrlich, warum die junge Partei antisemitisch ist und sein muss.

Jüdinnen:Juden sind nicht nur aus dieser Veranstaltung ausgeschlossen, sondern qua Parteiprogramm auch aus der Volksgemeinschaft. Damit sind sie eindeutig als Hauptfeinde markiert. Die Freiheit der »deutschen

Arbeit«, so der Tenor der Rede vom August 1920, werde nur gehemmt durch die Anti-Arbeit »des Juden«, der die Volksgemeinschaft zu zersetzen versuche und sie damit daran hindere, endlich und ein für alle Mal frei zu sein. Auch diese Rede könnte den Satz »Arbeit macht frei« enthalten haben. Und zwar mit dem schrecklichen Bedeutungsgehalt, der erst viele Jahre später in den deutschen Konzentrationslagern Wirklichkeit wurde; in dem Sinne, dass die Arbeit der KZ-Aufseher:innen die Deutschen frei mache, indem die jüdischen KZ-Häftlinge durch den Schornstein »frei« würden. Die Freiheit »der Arier« war im Nationalsozialismus an die Ermordung »der Juden« gekoppelt.

Die Freiheit der »deutschen Arbeit« ist keine individuelle, sondern eine kollektive, eine völkisch gedachte. Es ging immer um ein Wir, eine Gemeinschaft, die frei werden sollte. In der Grundformel der NS-Arbeitsauffassung wird dies deutlich ausgesprochen. Arbeit soll ein Dienst an der Volksgemeinschaft sein, die dadurch stark und frei werde. Alles ist auf diese Gemeinschaft ausgerichtet. Verweigerung oder Entzug sind kategorisch ausgeschlossen. Wer seinen Dienst verweigert – oder das angeblich tut –, begeht Verrat. Das wurde im Nationalsozialismus mit aller Brutalität geahndet. Die Grundformel dieser Arbeitsauffassung enthält also neben dem Antisemitismus auch den Sozialchauvinismus. Im »Arbeit macht frei« ist all das aufgehoben.

Mit dem Ende des Nationalsozialismus durch die militärische Niederlage im Zweiten Weltkrieg beginnt die Nachgeschichte dieser Ideologie, ihrer Verbrechen und Versprechen. Vorbei war es damit nicht. Elemente des Nationalsozialismus lebten und leben fort. Antisemitismus, Rassismus, Antiziganismus und Sozialchauvinismus sind nicht verschwunden. Sie prägen bis heute die deutsche Gesellschaft. Auch das Selbstbild von der guten »deutschen Arbeit« sowie die dazu passenden Fremd- und Feindbilder leben fort. Nur die wenigsten Täter:innen und Mittäter:innen wurden für ihre Arbeit an der Vernichtung bestraft.

Die Täter wurden nicht bestraft. Zur juristischen Aufarbeitung

Am 27. Januar 1945 befreite die Rote Armee die Häftlinge in den Konzentrationslagern Auschwitz. Auch Primo Levi und Tibor Wohl waren endlich frei. Die Alliierten kämpften sich nach der Befreiung von Auschwitz weiter vor bis nach Berlin und befreiten in den nächsten Wochen nach und nach die restlichen der über 1.000 Haupt- und Außenlager der KZ. Viele Male lasen die Soldaten dabei die Torinschrift »Arbeit macht frei«: Von der Roten Armee wurde Groß-Rosen am 13. Februar befreit, Sachsenhausen am 22. April, Theresienstadt am 8. Mai. Die US-Armee befreite am 23. April Flossenbürg und am 29. April Dachau.

Am Abend des 8. Mai 1945, genauer gesagt kurz nach Mitternacht, also am 9. Mai, mussten die Deutschen schließlich in Karlshorst/Berlin die Kapitulation unterschreiben. Das »Dritte Reich« war damit Geschichte, Deutschland wurde in vier Besatzungszonen aufgeteilt, vier Jahre später gründeten sich zwei deutsche Nachfolgestaaten. Eine Stunde Null gab es nicht. In den befreiten Konzentrationslagern starben noch Tausende an den Folgen ihrer Qualen, während die Deutschen sich für den Neuanfang rüsteten und dabei vielfach an die Einstellungen und Auffassungen der gerade vergangenen Zeit anknüpfen konnten. Die Alten prägten das Neue. Der Nationalsozialismus zeitigt ein Nachleben.

Die Ideologie von der »deutschen Arbeit« war hilfreich, um den Wiederaufbau ideologisch zu begleiten. Am 1. Oktober 1949 richtete sich etwa der Generaldirektor der Volkswagenwerke an seine Belegschaft mit den Worten: »Wie glücklich können wir bei alledem trotz des Entsetzlichen, das wir durchgemacht haben, und trotz aller schweren Verluste sein, daß in unserem Lande wieder gearbeitet wird, mit dem ganzen Fleiß und der ganzen Emsigkeit, die den Deutschen zu eigen sind.«[238] Endlich wird wieder gearbeitet mit all dem deutschen Fleiß, den die Deutschen sich selbst zuschreiben? Macht Arbeit wieder frei?

Ein Jahr danach besuchte die Philosophin Hannah Arendt Deutschland. Die »augenblickliche Betriebsamkeit« der Deutschen, berichtet sie, nährt den Eindruck, »Deutschland sei möglicherweise immer noch die gefährlichste europäische Nation«[239]. Aber nicht nur das. Die Arbeit der Deutschen erfüllte einen Zweck: Sie diente zur Schuldabwehr. In den Worten von Arendt:

> Beobachtet man die Deutschen, wie sie geschäftig durch die Ruinen stolpern und [...] wie sie es einem verübeln, wenn man sie an die Schreckenstaten erinnert, welche die ganze übrige Welt nicht loslassen, dann begreift man, daß die Geschäftigkeit zu ihrer Hauptwaffe bei der Abwehr der Wirklichkeit geworden ist.[240]

Die Aufarbeitung dieser Wirklichkeit wurde nicht nur durch Schuldabwehr, sondern auch durch »deutsche Arbeit« verhindert.

Während die Rufe nach einem Schlussstrich lauter wurden, kämpfte eine Großzahl Überlebender mit einer Vergangenheit, die sie nicht mehr loszulassen schien. Viele schwiegen über Jahrzehnte, versuchten zu vergessen oder schlicht ein neues Leben anzufangen, andere begannen einen schier endlosen Kampf um die Aufarbeitung der Vergangenheit, erforschten die Shoah oder zogen vor Gericht.

Die Nachgeschichte der Zwangsarbeit und »Vernichtung durch Arbeit« ist mit dem Namen Norbert Wollheim untrennbar verbunden. Wenige Tage vor der Befreiung von Auschwitz wurde Wollheim, ebenfalls Häftling in Buna-Monowitz, auf einen Todesmarsch in Richtung Westen getrieben. Er konnte fliehen und überlebte. Im Sommer 1945 schrieb er in einem Brief an einen amerikanischen Soldaten: »Wir sind gerettet, aber nicht befreit.«[241] Denn der Lageraufenthalt ließ viele Häftlinge nie wirklich los. In den 1950er-Jahren verklagte Wollheim erfolgreich die IG Farben in Liquidation (i. L.), für die er Zwangsarbeit leisten musste. Er forderte Schmerzensgeld für seine Zeit in Monowitz und gewann im Sommer 1953 in erster Instanz. Die IG Farben legte Berufung ein. Im Februar 1957, also zwölf Jahre nach Wollheims Befreiung, kam es in der Sache zu einem außergerichtlichen Vergleich, unterzeichnet von der Claims Conference und der IG Farben. Das sogenannte Wollheim-Abkommen war das erste Abkommen dieser Art zwischen einem deutschen Konzern und einer jüdischen Organisation. Die IG Farben verpflichtete sich zu einer Einmalzahlung von 30 Millionen DM an einen Fond, der an Zwangsarbeiter:innen ausgezahlt werden sollte; ein viel zu kleiner Betrag angesichts des Ausmaßes der Verbrechen und der Bereicherung. Heute trägt ein Memorial auf dem Gelände des ehemaligen Hauptverwaltungssitzes der IG Farben AG, dem heutigen Campus Westend der Goethe-Universität in Frankfurt am Main, den Namen von Norbert Wollheim.

Das umgedrehte B im Lagertor von Auschwitz, mit dem dieses Buch begann, zeigt, dass mit der NS-Devise etwas nicht stimmt. Es könnte auch suggerieren, so Małgorzata Apanasiewicz zugespitzt in einer Ausstellung des Internationalen Auschwitz Komitees, dass sich die Verhältnisse eines Tages wieder ändern werden, dass »die Geschichte sich gegen die Folterknechte drehen kann«[242] und die Täter:innen bestraft werden. Die Verhältnisse drehten sich zwar im Mai 1945, bestraft wurden dennoch viel zu wenige. Die Geschichte der juristischen Aufarbeitung der NS-Verbrechen ist eine des Scheiterns. Die Bilanz ist verheerend.

Die berühmtesten Prozesse der deutschen Nachkriegsgeschichte fanden in Nürnberg statt.[243] Hier standen 24 sogenannte Hauptkriegsverbrecher vor dem Internationalen Militärgerichtshof, darunter Robert Ley. Zwölf Angeklagte wurden zum Tode verurteilt, wobei nur zehn Urteile vollstreckt wurden, sieben erhielten Haftstrafen, drei wurden freigesprochen. Es folgten in Nürnberg weitere zwölf Prozesse vor amerikanischen Militärtribunalen, darunter der IG-Farben-Prozess, genannt »Vereinigte Staaten vs. Carl Krauch et al.«. Insgesamt wurden in diesen Nachfolgeprozessen weniger als 150 Personen verurteilt.

Von bundesrepublikanischen und westdeutschen Staatsanwaltschaften wurden zwischen 1945 und 2005 140.000 Personen wegen Beteiligung an NS-Verbrechen beschuldigt, resümiert der Historiker Andreas Eichmüller.[244] Weniger als vier Prozent davon waren Frauen. Nur gegen zehn Prozent wurde Anklage erhoben, und nur 14.693 Angeklagte standen jemals vor einem Gericht. 6.656 Angeklagte wurden verurteilt, 166 Personen zu lebenslangen Freiheitsstrafen, 16 zum Tode. Vier Urteile davon wurden vollstreckt, elf in Haftstrafen umgewandelt, eine Person konnte fliehen.[245] Die Zahlen sind obszön gering angesichts der Verbrechen, um die es geht.

Die juristische Aufarbeitung in der Sowjetischen Besatzungszone (SBZ) und der DDR ist vielfach komplizierter und weit weniger erforscht. Weder lassen sich die Zahlen vergleichen, noch liegen wissenschaftlich belastbare Statistiken vor. Dies liegt unter anderem daran, dass es im Osten Deutschlands um mehr als die »Ahndung entsprechender Straftaten im Dritten Reich«[246] ging. In zunehmendem Maße handelte es sich, so der Historiker Hermann Wentker, ab den 1950er-Jahren um »reine Propaganda«[247] und um eine »Instrumentalisierung des Verfahrens in innen- und außenpolitischer Hinsicht«.[248] Kein Wunder, ab 1955 war für die NS-Ermittlungen federführend das berüchtigte Ministerium für Staatssicherheit (MfS, umgangssprachlich besser bekannt als Stasi) zuständig. Die Prozesse gegen vermeintliche oder tatsächliche Nazis erfüllten unmittelbar politische Ziele im gerade beginnenden Kalten Krieg. Ziele, die weit über Aufklärung und Aufarbeitung der Verbrechen sowie Strafermittlung hinausgingen. Das macht es praktisch unmöglich, vergleichbare Zahlen zu denen der BRD zu ermitteln. Sicher ist, dass deutlich mehr Menschen in der SBZ und DDR für NS-Verbrechen verurteilt wurden als in der BRD; und dabei auch mehr zum Tode. Insgesamt wurden in der SBZ und DDR durch die bis 1955 tätigen Sowjetischen Militärtribunale (SMT) 40.000 Personen verurteilt. Die Verfahren dieser Tribunale, so Wentker, zeichneten sich aber durch »Willkür, Brutalität und das Fehlen rechtsstaatlicher Verfahrensregeln«[249] aus. Die sogenannten 201-Verfahren hatten dagegen, so Wentker, »zweifellos die Aufgabe, NS-Straftaten zu ahnden«.[250] Im Zeitraum von 1945 bis Oktober 1949 wurden allein in diesen Prozessen 7.470 Personen verurteilt.[251] Im Vergleich mit der BRD heißt das, dass in den ersten vier Jahren nach dem Krieg allein durch diese 201-Verfahren mehr Personen in der SBZ für NS-Verbrechen verurteilt wurden als in der Geschichte der westlichen Besatzungszonen und der BRD von 1945–2005; ein eklatanter Unterschied. Im selben Zeitraum, 1945–1949, wurden in den westlichen Besatzungszonen immerhin 3.767 NS-Täter:innen, die ganz große Mehrheit davon Männer, verurteilt.[252] Dennoch sind die Zahlen absurd gering, wenn man sich vergegenwärtigt, worüber hier juristisch verhandelt wurde.

Es ist schwer zu sagen, wie viele Deutsche unmittelbar an den Morden beteiligt waren. Die Zahlen schwanken zwischen 200.000 und 500.000, schreibt Achim Doerfer und wendet ein, dass allein in der SS über eine Million Menschen Mitglied waren.[253] Diese Schätzungen gehen von einer unmittelbaren Beteiligung aus. Führt man sich das Ausmaß der NS-Verbrechen einmal vor Augen, so wird klar, dass die Zahl der an den Verbrechen beteiligten um ein Vielfaches höher liegen muss als diese Schätzungen: Es geht hier um die systematische Enteignung und Ermordung von Jüdinnen:Juden in etlichen Vernichtungslagern, bei Massenerschießungen in Osteuropa, in unzähligen Konzentrationslagern und ihren Außenlagern; um die systematische Ermordung von Sinti:zze und Rom:nja oder von Menschen mit Behinderungen; um die Inhaftierung, Drangsalierung und Ermordung von Kommunist:innen, Sozialist:innen und Sozialdemokrat:innen, von Homosexuellen, Schwarzen, Zeugen Jehovas, von als »Asozial« oder »Berufsverbrecher« verfolgten und von Menschen aus fast allen europäischen Ländern in Konzentrations- und Arbeitserziehungslagern; um die Zwangsarbeit von etwa 26 Millionen Menschen; um unzählige Kriegsverbrechen. Und die Liste ist selbstverständlich nicht vollständig. Wann wäre sie das?

Von alledem hat die deutsche Bevölkerung profitiert und vielfach gewusst. Für die Historikerin Sybille Steinbacher ist dies der zentrale Punkt dafür, warum der Holocaust präzedenzlos war: nicht nur wegen des »unbedingte[n] Vernichtungswillen[s]« und der »Systematik des Mordprogramms«, sondern auch wegen des Umstands, »dass die Angehörigen der deutschen Volksgemeinschaft – mindestens als Profiteure und Mitwisser – in die Verbrechen an den Juden einbezogen wurden«.[254] Die Verhältnisse haben sich gedreht, bestraft wurden aber viel zu wenige.

Es darf nicht verschwiegen werden, dass einige gegen den Widerstand einer vergessen wollenden Mehrheitsgesellschaft unermüdlich die juristische Aufarbeitung vorantrieben. Ohne den jüdischen Generalstaatsanwalt Fritz Bauer zum Beispiel sähe die Geschichte anders aus. Bauer initiierte die Auschwitz-Prozesse, die von 1963–1965 im Frankfurter Gallusviertel tagten.[255] Unzählige Überlebende legten hier Zeugnis ab von den Zuständen und Verbrechen in den Konzentrationslagern Auschwitz; einer von ihnen war Tibor Wohl. Es hätte mehr solcher Momente gebraucht, mehr Verfahren, die Aufklärung und Aufarbeitung bringen. Bauer und seine Kolleg:innen hatten auch mit einem Rechtssystem zu kämpfen, das diese Art

Verbrechen schlicht nicht fassen konnte: Viel zu lang wurde niemand wegen Beihilfe zum Mord verurteilt, obwohl es doch vielfach um einen industriellen Mord ging, der auf mehr als dem unmittelbaren Mörder beruht. Die Prozesse wurden den Überlebenden als Zeug:innen oft nicht gerecht und die Urteile blieben hinter den Erwartungen eines nicht-juristischen Gerechtigkeitsempfindens weit zurück.

Gegen die juristische Aufarbeitung arbeiteten sicher auch die neu-alten Netzwerke von ehemaligen Nationalsozialisten, die den Blick allein nach vorne wenden und von der Vergangenheit nichts mehr wissen wollten. Dass Bauer gegen teils unüberwindbare Widerstände ankämpfen musste, zeigt auch die Tatsache, dass er die zentrale Information über den Aufenthaltsort von Adolf Eichmann lieber dem israelischen Geheimdienst Mossad zuspielte als seinen deutschen Kolleg:innen. Bauer misstraute aus gutem Grund dem Staat, dessen Generalstaatsanwalt er war. Eichmann wurde von Argentinien nach Israel gebracht, vor Gericht gestellt und zum Tode verurteilt.

»Die frühe Bundesrepublik war ein einziger Skandal«, schreibt der Journalist Willi Winkler in seiner Auseinandersetzung mit den Netzwerken von Nationalsozialisten, die in der BRD in allen gesellschaftlichen Bereichen weiter Karriere machten. Zum Skandal der verschleppten juristischen Aufarbeitung reiht sich noch der der personellen Kontinuitäten ein. Das sind nur zwei Mosaiksteine im Bild der Geschichte der Aufarbeitung des Nationalsozialismus. Ein anderer ist der Umgang mit der politischen Ideologie des Nationalsozialismus. Unmittelbar ließ sich an den Führerkult, den Antisemitismus und die Rede von der Herrenrasse nicht mehr anschließen. In der »Dialektik der Aufklärung« wenden Theodor W. Adorno und Max Horkheimer deshalb ein: »Aber es gibt keine Antisemiten mehr.«[256] Antisemitismus gab und gibt es freilich weiterhin, nur Antisemit will kaum noch jemand genannt werden. Antisemit:innen mussten sich Umwege suchen, etwa durch Codes und Chiffren, um weiterhin Jüdinnen:Juden hassen zu können, ohne gesellschaftlich sanktioniert zu werden – Post-Shoah-Antisemitismus, Verschwörungsmythen und israelbezogener Antisemitismus florieren seitdem. Auch die Ideologie der »deutschen Arbeit« vermittelte diese Umwegkommunikation. Seit der Corona-Pandemie spielt insbesondere auf Social Media-Plattformen auch die NS-Devise »Arbeit macht frei« wieder eine Rolle.

Tabubruch 2.0. Zum Umgang mit »Arbeit macht frei« heute

Von der Devise »Arbeit macht frei« fühlen sich Rechte aller Länder angezogen. Im Dezember 2009 wurde der Schriftzug aus der Gedenkstätte Auschwitz gestohlen. Wenige Tage später wurde er in drei Teile zertrennt wiedergefunden. Heute sieht man in der Gedenkstätte eine Kopie. Der mutmaßliche Drahtzieher, ein Schwede, gründete in den 1990er-Jahren die »Nationalsozialistische Front«. Für den Diebstahl musste er zweieinhalb Jahre ins Gefängnis. Fünf Jahre später, im Herbst 2014, wurde die Eingangstür der Gedenkstätte Dachau gestohlen. Es dauerte zwei Jahre, bis die Tür in Norwegen gefunden wurde. Die Täter:innen wurden nie gefasst.

Rechtsextreme Parteien müssen in Deutschland aufpassen, was sie sagen. Auch wenn sich die Grenzen des Sagbaren längst verschoben haben, gibt es den Paragraphen der Volksverhetzung, der durchaus wirksam sein kann – wenn er angewendet wird. Die deutsche Rechte spielt daher mit Abwandlungen von »Arbeit macht frei« und testet, wie weit sie gehen kann. Das hat Tradition.

Am 20. April 1990, sicher nicht zufällig zu Hitlers Geburtstag, versammelten sich Neo-Nazis und Holocaust-Leugner:innen zu einem Kongress namens »Wahrheit macht frei« in München.[257] Die heute beinahe irrelevante Nationaldemokratische Partei Deutschland (NPD) – mittlerweile umbenannt in Die Heimat – zeigte noch 2011 ein Transparent mit diesem Slogan auf einer Demonstration in Berlin. Das Spiel mit der NS-Devise betreibt die Partei bis heute. In einem Artikel von 2017 forderte die rechtsextreme Partei, dass Geflüchtete »zu gemeinnütziger Arbeit herangezogen werden«[258]. Die Überschrift lautete: »Gemeinnützige Arbeit macht den Kopf frei«. Ekelhafter lässt sich der Ruf nach Zwangsarbeit kaum formulieren. 2020 wurde bekannt, dass ein CSU-Listenkandidat aus Jandelsbrunn die NS-Devise auf seinen Unterarm tätowiert hat. Er rechtfertigte das mit derselben Verharmlosung: Arbeit könne den Kopf frei machen. Die Partei distanzierte sich.[259] Hans-Georg Maaßen, ehemaliger Präsident des Bundesamtes für Verfassungsschutz, das ihn mittlerweile selbst als Rechtsextremist führt, und heute politischer Influencer in der WerteUnion, die lange als CDU-nah galt, twitterte am 24. Juli 2023: »Auslandsluft macht frei! Ich wünsche Ihnen einen guten Start in die Woche!«[260]

Politiker:innen der sogenannten Alternative für Deutschland (AfD) fielen dagegen vor allem durch das Verbreiten der Abwandlung »Impfen macht frei« auf, die im Kontext der Corona-Leugner:innen-Proteste in Mode kam und mittlerweile auch zu Gerichtsurteilen führte. Der AfD-Kreisverband Salzgitter (Niedersachsen) verbreitete etwa auf Telegram eine Fotomontage, auf der über dem Lagereingang von Dachau »Impfung macht frei« stand.[261] Eine ähnliche Montage postete der Musiker Michael Wendler im Jahr 2020 auf seinem Telegram-Kanal, diesmal mit dem Lagertor von Sachsenhausen.[262] Der mediale Aufschrei war groß. Im März 2023 kündigte RTL Zwei eine neue Sendung mit Wendler an. Nach heftiger Kritik auf den Sozialen Medien wurde das Vorhaben kurze Zeit später beendet.[263]

Die Recherche- und Informationsstelle Antisemitismus (RIAS) Bayern analysierte und systematisierte die »multidirektionalen Angriffe auf die Erinnerung« im Bundesland von 2019 bis Mitte 2022. Allein in Bayern sind in diesem Zeitraum 34 Vorfälle bekannt, in denen der Satz »Impfen macht frei« öffentlich gezeigt wurde.[264] Die Abwandlung von »Arbeit macht frei« relativiert die Shoah und ist antisemitisch, denn sie behauptet, die Ungeimpften seien die neuen Juden und die Politik zur Eindämmung der Pandemie sei wie die antisemitische Politik des Nationalsozialismus. Sie ist Ausdruck eines grassierenden Schuldabwehr-Antisemitismus und reiht sich ein in die gegenwärtigen Angriffe auf die Erinnerung an die NS-Verbrechen.

Der Satz »Arbeit macht frei« ist tabuisiert, zu eng ist er mit dem Nationalsozialismus verwoben; anders als die KZ-Devise von Buchenwald »Jedem das Seine«, die durchaus weiterverwendet wird. Hier hat sich schlicht »kein öffentlicher Konsens«[265] über den Umgang mit der Devise ausgebildet, weil der Zusammenhang mit Terror und Konzentrationslagern nicht gesehen oder auf die Pervertierung des älteren Spruches verwiesen wird. Ganz verschwunden ist das Verwenden von »Arbeit macht frei« jedoch nicht. An einem Samstag im Juli 2012 wandte sich beispielsweise eine Münchner Radiomoderatorin an ihre Zuhörer:innen und rief denen, die – wie sie – gerade arbeiten mussten, zu: »Arbeit macht frei«. Ein breites Medienecho und ein echauffiertes Publikum antworteten. Es dauerte nicht lange und der Radiosender verkündete die Entlassung der Moderatorin.[266] Zehn Jahre später versah der Schlagerstar Olaf Henning, dessen Hit »Cowboy und Indianer« sehr bekannt ist, ein Foto von sich im Tonstudio mit denselben drei Worten.[267] Wieder gab es ein Medienecho, Konsequenzen hatte es diesmal aber keine. Das sind nur zwei Beispiele aus einer ganzen Reihe von Fällen, in denen mehr oder weniger berühmte oder in der Öffentlichkeit stehende Personen geschichtsvergessen – oder absichtlich? – die NS-Devise für ihren eigenen Arbeitskontext benutzten.

Was sich die rechten Gruppierungen und Parteien nicht trauen und den Promis »passiert«, ist auf Social Media-Kanälen an der Tagesordnung. Erstaunlich viele Nutzer:innen beschreiben Posts ihres Arbeitsalltags mit der Parole »Arbeit macht frei«. Der Unterschied zur NPD oder AfD besteht vielleicht darin, dass sich hier in vielen Fällen sagen lässt: denn sie wissen nicht, was sie tun. Unwissenheit ist aber keine Ausrede, sondern nur ein Verweis auf die Versäumnisse der Aufarbeitung. Eine Tabuisierung ist schlicht nicht nachhaltig.

Die Social Media-Plattformen reagieren (Stand Februar 2024) unterschiedlich. Auf Instagram kursieren vielfältige Spielarten, weil die KZ-Devise allein nicht als Hashtag nutzbar ist. Es wird daher versucht, die Regelung zu umgehen, indem der Satz mit einem l statt einem i versehen oder mit einem Smiley garniert wird. Instagram sperrt die meisten dieser Hashtags aber nach und nach. Twitter kümmert sich nicht, auch das Hashtag #arbeitmachtfrei ist nutzbar, ganz zu schweigen von den Accounts, die die drei Worte im Namen tragen. Auf TikTok dagegen kann man »Arbeit macht frei« nicht einmal suchen. Stattdessen wird man auf eine UNESCO-Website zum Holocaust verwiesen.

Am Anfang ihres Sammelbands »Sicher sind wir nicht geblieben« erzählt Laura Cazés vom Antisemitismus in ihrem Alltag. In einem Fortbildungsseminar zu New Work, das sie besuchte, leitete ein junger, motivierter

Dozent mit einem Monolog über Arbeit am letzten Tag eine letzte Übung an. Und dabei brach es aus ihm heraus: »Arbeit dies, Arbeit das, Arbeit macht frei«[268], rief er den Teilnehmer:innen entgegen, fühlte sich ertappt und schob schnell hinterher: »EY SCHERZ.«[269] Für Laura Cazés, eine Jüdin, ist das ein Moment, in dem sie merkt, »dass die Bleiweste, die mir irgendwann auf die Brust gelegt wurde, damit ich nichts fühle, heute geöffnet ist. In diesem Moment fühle ich alles auf einmal, und viel mehr als das, was durch eine Affekt-Kombination ›Arbeit macht frei‹ und ›EY SCHERZ!‹ zum Vorschein kommt.«[270]

Lässt sich mit Unwissenheit erklären, dass »Arbeit macht frei« hier und in vielen anderen Situationen geschichtsvergessen weitergenutzt wird? Diese Art Verwendung jedenfalls schädigt und schmerzt, nicht zuletzt diejenigen, die von Antisemitismus betroffen sind und Nachfahren sind von Shoah-Überlebenden. Stecken darin auch Versuche, einen Schlussstrich zu ziehen und endlich unverkrampft mit der Geschichte umzugehen? »Wir sind doch wieder wer, oder?« »Man wird doch wohl noch sagen dürfen.«

Der Umgang mit »Arbeit macht frei« schwankt zwischen Tabuisierung und Tabubruch. Das sagt einiges über den Stand der Aufarbeitung der Vergangenheit aus. Es war Adorno, der den Begriff der Aufarbeitung in einem berühmten Vortrag ins Gespräch brachte, um den der Vergangenheitsbewältigung zu kritisieren.[271] Die nationalsozialistische Vergangenheit und ihr Erbe in der Gegenwart können nicht bewältigt werden. Was sollte das auch bedeuten? Dass es mit der Reflexion reicht und wir nicht weiter darüber nachdenken sollen, wie es dazu kommen konnte, dass die Deutschen sich aufmachten, sechs Millionen Jüdinnen:Juden zu ermorden? Die Forderung nach Bewältigung ist die nach dem Schlussstrich. Sie trifft auf fruchtbaren Boden. Der Studie Multidimensionaler Erinnerungsmonitor (kurz MEMO) von 2022 zufolge, lehnt jede:r dritte Deutsche die Aussage, es sei Zeit für einen Schlussstrich, nicht ab.[272]

Dem Bewältigungsversuch entspricht die Tabuisierung. Aber die Vergangenheit verschwindet nicht, indem man sie zu beschweigen versucht. Das Verbot führt nicht zur Aufarbeitung. Vielmehr gehört der Tabubruch zur Tabuisierung dazu. Das Verdrängte kehrt zurück. Es ist doch kein Zufall, dass so viele »Arbeit macht frei« in der Anonymität der Sozialen

Medien nutzen (wollen). Es verschafft Entlastung. Das Tabu wird zwar gesetzt, aber nicht durchdrungen; muss es ja auch nicht. Notwendig ist zu wissen, was verboten ist, nicht, warum es das ist. Diese Eigenschaft haftet dem Tabu stets an.

Sigmund Freud schreibt in »Totem und Tabu«: »Die Tabuverbote entbehren jeder Begründung; sie sind unbekannter Herkunft; für uns unverständlich, erscheinen sie jenen selbstverständlich, die unter ihrer Herrschaft stehen.«[273] Etwas für selbstverständlich zu halten, bedeutet allerdings nicht, es zu verstehen. Die Tabuisierung der Verwendung von »Arbeit macht frei« ist selbstverständlich, und gerade deshalb unverstanden. Das Tabu ist nicht nur von unbekannter, sondern auch von unverstandener Herkunft. Das erkannte Freud. Es ist gerade die »auffälligste Übereinstimmung« der »Zwangsverbote« der Neurotiker:innen, um die es Freud geht, und dem Tabu, dass »diese Verbote ebenso unmotiviert und in ihrer Herkunft rätselhaft sind«.[274] Solche Art Verbote führen geradewegs zum Übertritt. »Die Lust, es zu übertreten, besteht in deren Unbewußten fort.«[275] Die unverstandene Tabuisierung der geschichtsvergessenen Verwendung von »Arbeit macht frei« fordert die Abwehr heraus. Das trifft auf fruchtbaren Boden angesichts des grassierenden Antisemitismus.

Aufarbeitung und Antisemitismus heute

Bezogen auf »Arbeit macht frei« zeigen sich erstaunliche Wissenslücken. Viele Fragen, die sich stellen, sind schlicht nicht mehr zu beantworten. Es gibt kaum systematische Auseinandersetzungen mit der NS-Devise. Die historiografische Bezeichnung der drei Worte als »KZ-Devise« hegte den Bedeutungsgehalt auf die Lager ein und ließ übersehen, wie sehr dieser Satz dem Nationalsozialismus aus der Seele sprach. Anders als beim Antisemitismus ließ sich an die NS-Arbeitsauffassung aber problemlos auch nach 1945 anschließen. Hier dominieren die Kontinuitäten.

Die nationalsozialistische Arbeitsauffassung hat sich ihrer Aufarbeitung erfolgreich entzogen. Sie wurde als vor- oder unpolitisch wahrgenommen. Damit wurde verkannt, wie sehr sie ins Zentrum des Nationalsozialismus ragt und wie tief sie mit dem Antisemitismus verwoben ist. Das deutsche Selbstbild speist sich aus dem antisemitischen Fremdbild. Eine Analyse der Arbeitsauffassung hätte das aufzeigen können. Stattdessen wurde dieses Selbstbild nach 1945 fortgeschrieben. Das gilt auch für die Fremdbilder. Die Hetze gegen »reiche Juden«, »faule Griechen« oder »arbeitsscheue Deutsche« war nie wirklich weg. Heute ist sie wieder gut zu vernehmen, am Stammtisch, bei Demonstrationen oder im Internet.

Bezogen auf die NS-Devise »Arbeit macht frei« müsste eine wirkliche Aufarbeitung der Vergangenheit bedeuten, endlich anzufangen auch gesellschaftlich über die Fantasie von der »deutschen Arbeit« zu sprechen, die Verbindung zum tiefsitzenden Antisemitismus zu verstehen und damit zu ermöglichen, die brutalen Bedeutungsgehalte von »Arbeit macht frei« thematisierbar zu machen. Die »deutsche Arbeit« macht niemanden frei, auch nicht »uns«. Die Freiheit dieser »deutschen Arbeit« wurde mit der Unfreiheit, den Qualen und dem Tod von Menschen besiegelt, die für minderwertig oder für übermächtig gehalten worden sind. Hier verschränken sich Rassismus und Antisemitismus. Eine wirkliche Aufarbeitung dieses Zusammenhangs müsste auch einen radikalen Bruch mit der Geschichte und Vorstellung »deutscher Arbeit« mit sich bringen.

Nicht nur der Zusammenhang von Freiheit und Unfreiheit ist gesellschaftlich unverstanden. Das Wissen über die NS-Zeit erodiert, wie Studien in den letzten Jahren zeigen, und es gibt immer weniger Zeitzeug:innen, die über das Erlebte berichten können. Ein Hoffnungsschimmer ist allerdings, dass junge Menschen durchaus Interesse an der NS-Zeit bekunden. Statt Schlussstrich-Rufen ist die Frage unter Jüngeren nicht ob, sondern wie an die NS-Zeit erinnert und die Vergangenheit aufgearbeitet werden sollte.

Adornos kategorischer Imperativ, alles dafür zu tun, »dass Auschwitz nicht sich wiederhole, nichts ähnliches geschehe«[276], fordert heraus, danach zu fragen, ob die Bedingungen, die zu Auschwitz, zum Holocaust oder der Shoah geführt haben, wirklich verändert sind. Adorno war sich Ende der 1950er-Jahre sicher, dass »die objektiven gesellschaftlichen Voraussetzungen fortbestehen, die den Faschismus zeitigten«[277]. Ist das heute anders? Ich bezweifle es. Ist der Nationalsozialismus Geschichte? Allein der Antisemitismus grassiert seit Jahrzehnten, die Corona-Pandemie und die genozidale Gewalt vom 7. Oktober 2023 in Israel haben als zusätzlicher Katalysator fungiert. Auch der Mythos der »deutschen Arbeit« wird immer wieder aktualisiert und eine Devise wie »Arbeit macht frei«, die das Schicksal von Millionen KZ-Häftlingen begleitete und kommentierte, scheint einigen ein Sinnspruch des 21. Jahrhunderts zu sein; den Tabuisierungsversuchen zum Trotz.

Die Aufarbeitung der Vergangenheit, diagnostizierte Adorno in den 1950er-Jahren, sei zu »ihrem Zerrbild« verkommen, »dem leeren und kalten Vergessen«.[278] In dieser Phase leben wir nicht mehr. An die Stelle des leeren Vergessens ist stattdessen eine Form der Ritualisierung, der Sonntagsreden und eingeübten Selbstvergewisserungen als Aufarbeitungsweltmeister getreten. Zugespitzt lässt sich vielleicht vom leeren Erinnern sprechen, dessen Ausdruck das zur Phrase verkommene »Nie wieder« wurde. Die Ritualisierungen und Entleerungen sind in aller Schärfe zu kritisieren. Die Gründerin der Amadeu Antonio Stiftung Anetta Kahane hat mich allerdings einmal eindringlich davor gewarnt, die Sonntagsreden zu unterschätzen. Verglichen mit den Jahrzehnten davor, mit dem leeren Vergessen, stellt die Form des ritualisierten Gedenkens einen Fortschritt dar. Und bis hierhin war es bereits ein langer Weg. Seit 1996 ist der 27. Januar, der Tag, an dem die Konzentrationslager in Auschwitz befreit wurden, in Deutschland der Tag des Gedenkens an die Opfer des Nationalsozialismus. Weltweit wird der Tag als International Holocaust Remembrance Day begangen. Israel gedenkt am Jom haScho'a, am 27. Nisan, nach jüdischem Kalender.

Erinnerung in Deutschland ist heute mehr als Ritualisierung. Gegen viel Widerstand aus der nichtjüdischen deutschen Mehrheitsgesellschaft wurden in Deutschland Gedenken und Aufarbeitung erkämpft: von unten organisiert, von Engagierten und Ehrenamtlichen, auch von Jüdinnen:Juden. Dabei etablierte sich eine hervorragend arbeitende Gedenkstätten- und Erinnerungslandschaft, die Möglichkeiten stellt, sich über die Geschichte des Nationalsozialismus und seiner Verbrechen zu informieren. Das ist ohne jeden Zweifel ein Fortschritt zu den Jahrzehnten davor. Die wenigen Errungenschaften der Erinnerungskultur gilt es zu bewahren und progressiv weiter zu denken.

Polemisch wurde vom Aufarbeitungsweltmeister gesprochen, um die von Eike Geisel in kritischer Distanz formulierte »Wiedergutwerdung«[279] Deutschlands zu beschreiben. Denn jetzt soll es die Erinnerungsarbeit sein, die die Deutschen auszeichne. Die Rufe nach einem Schlussstrich sind damit nicht verhallt und die Angriffe auf die Erinnerungskultur, auf Erinnerungsorte und Gedenkstätten nehmen zu. Wo in den 1980er-Jahren rechte Intellektuelle die Shoah relativierten, greifen jetzt auch linke Vordenker:innen die These von der Präzedenzlosigkeit der Shoah an und behaupten, Deutschland werde durch seine Erinnerungskultur provinziell. Bisheriger Höhepunkt eines solchen Versuchs war Dirk Moses' Einwurf während des sogenannten Historikerstreits 2.0. Gearbeitet wird mit Relativierungen und Analogisierungen, nicht mit plumpen Forderungen nach einem Schlussstrich. Diesen Formen regressiver Erinnerungskritik gilt es zu widersprechen. Es braucht mehr, nicht weniger Erinnerung.

Die Attacken auf die Erinnerungskultur sind zugleich solche auf die Antisemitismusbekämpfung. Insbesondere israelbezogener Antisemitismus wird von denjenigen verharmlost und kleingeredet, die die Erinnerungskultur in Bausch und Bogen verdammen. Sie richten sich nicht zufällig gleichzeitig gegen den einzigen Schutzraum von Jüdinnen:Juden weltweit, gegen Israel. Die Botschaft dahinter ist »deutlich und unübersehbar«, so Sybille Steinbacher: »Der Holocaust darf also auch deshalb nichts Besonderes sein, weil sich dann – und erst dann – die Legitimität des jüdischen Staates in Frage stellen lässt.«[280]

Sicherlich muss in einer Kritik der Erinnerungskultur der Stand der Aufarbeitung scharf untersucht und weitergetrieben werden. Es darf dabei aber nicht das Kind mit dem Bade ausgeschüttet werden. Die wenigen Errungenschaften in der Aufarbeitung wie in der Antisemitismusbekämpfung sind zu bewahren und weiterzudenken. Angriffe, die vergessen oder ignorieren, dass der Stand der Aufarbeitung selbst auf gesellschaftlichen Kämpfen von unten beruht, sind anschlussfähig für den grassierenden Schuldabwehr-Antisemitismus, der von alledem nichts mehr wissen will – egal, ob sie von links oder rechts kommen. Und ein Narrativ, das behauptet, in Deutschland werde das Erinnern von einer Elite befehligt – und dabei das Engagement von unten vergisst oder wissentlich ignoriert –, ist anschlussfähig an Verschwörungserzählungen.

Nach Adorno ist die »Aufarbeitung der Vergangenheit als Aufklärung« vor allem eine »Wendung aufs Subjekt, Verstärkung von dessen Selbstbewußtsein und damit auch von dessen Selbst«.[281] Was hieße das bezogen auf die NS-Devise »Arbeit macht frei«? Zunächst wäre es notwendig zu verstehen, dass dieser Satz nicht aus einer anderen Welt stammt, keiner Hölle entsprungen ist, sondern der Ideologie von Deutschen, die sich ohne jeden Skrupel trauten, ihrer »deutschen Arbeit« freien Lauf zu lassen. Hinter dem Ruf nach »deutscher Arbeit« verschanzt sich die Volksgemeinschaft – und damit der Traum von der Freiheit vom »Jüdischen«. Der Verbindung von Antisemitismus und Arbeitsauffassung muss sich eine Gesellschaft stellen, die bis heute stolz auf den eigenen Fleiß ist und die »Arbeitsscheuen« und »Faulen« verachtet; eine Gesellschaft, in der Mitglieder leben, die die NS-Devise offensichtlich weiterhin für einen passenden Sinnspruch halten. »Arbeit macht frei« hat viel mit dem Nationalsozialismus zu tun. Auch mit uns?

Dass all diese Zusammenhänge gesamtgesellschaftlich unverstanden sind, belegt der grassierende Antisemitismus der letzten Jahre, der mit Adaptionen von »Arbeit macht frei« spielt, Täter-Opfer-Umkehr betreibt und ermöglicht auszurufen: »Wir sind die neuen Juden«. Die Ideologie der »deutschen Arbeit« zu durchdringen, die NS-Devise »Arbeit macht frei« in ihren unterschiedlichen Bedeutungsgehalten aufzuarbeiten, ist die Voraussetzung dafür, die zentrale Rolle des Antisemitismus zu verstehen, die nach Auschwitz und andernorts führte. Nur, wer den vergangenen Antisemitismus begreift, kann sich dem Gegenwärtigen stellen.

Eine gelungene Aufarbeitung der Vergangenheit würde die Gesellschaft dazu befähigen, sich ihrer Geschichte wie auch ihrer Gegenwart zu stellen. Es wäre die Voraussetzung dafür, das Erbe des Nationalsozialismus zu begreifen und sich davon lösen zu können. Es wäre auch eine Bedingung dafür, dem grassierenden Antisemitismus etwas entgegenzusetzen – und empathisch über Israel nachzudenken. Es würde zu einem Bruch mit der langen Geschichte »deutscher Arbeit« führen, mit dem überhöhenden Selbstbild und den antisemitischen, antiziganistischen, rassistischen und sozialchauvinistischen Fremdbildern. Statt inhaltslos zu tabuisieren, hätte der Bruch zur Folge, dass »Arbeit macht frei« als NS-Devise erscheint, die nationales Versprechen und barbarisches Verbrechen verbindet. Nein, Arbeit macht nicht frei. Im Konzentrationslager bedeutete der Satz Tod und Zwang. Jean Améry verwies gesellschaftskritisch darauf, wie Arbeit zur Unfreiheit führte. Die Bejahung dieser Unfreiheit prägt Deutschland. Zeit, dass sich das ändert.

Epilog und Dank

An jedem 27. Januar stehen Studierende im Foyer des Hauptgebäudes der Frankfurter Goethe-Universität und verlesen Namen derjenigen, die im KZ Auschwitz III Buna-Monowitz inhaftiert waren, so wie Jean Améry, Primo Levi und Tibor Wohl, um die es in diesem Buch ging. Viele davon wurden nach Birkenau »überstellt« und somit ermordet. Kopien der Namenslisten befinden sich im Archiv des Fritz-Bauer-Instituts, das im selben Haus seinen Sitz hat. Einige Studierende bleiben bei der Verlesung stehen, die allermeisten lassen sich in ihrem Alltag nicht stören. Was hat das mit ihnen zu tun?

Es gibt viele Verbindungen zwischen Frankfurt am Main und Auschwitz: Die IG Farben AG ist eine. In deren Hauptverwaltungssitz befindet sich heute die Goethe-Universität, an der ich studierte. Ich habe viel Zeit verbracht an dem Ort, an dem Beschlüsse getroffen worden sind, die über Leben und Tod im gerade einmal 750 km entfernten Auschwitz entschieden. Viele Jahre wurde von Überlebenden, Engagierten und Studierenden gefordert, dass die Adresse dieses Hauptgebäudes und damit der Universität den Namen von Norbert Wollheim tragen sollte, der die IG Farben i. L. verklagte. Nach jahrelangem Ringen stimmte die Universitätsleitung zu. Mit der »Initiative Studierender am IG Farben Campus« setzte ich mich intensiv mit der Geschichte der IG Farben AG und der Architektur ihres Hauptverwaltungssitzes auseinander. Hanz Poelzigs Herrschaftsarchitektur, gebaut 1928–1931, passte zu einem Weltkonzern, der mit den neuen, nationalsozialistischen Machthabern schnell gemeinsame Sache machte. Herrschaftsarchitektur passt zur Imagination einer Herrenrasse. Was kann Studieren nach Auschwitz an so einem Ort bedeuten?[282]

Insgesamt drei Mal fuhr ich mit der »Lagergemeinschaft Auschwitz« und anderen Studierenden in die Gedenkstätte Auschwitz. Dabei begaben wir uns zusammen mit einer Mitarbeiterin der Internationalen Jugendbegegnungsstätte auch auf Spurensuche in Monowice, dem Ort, an dem die Nationalsozialisten das KZ Buna-Monowitz errichteten. Der Ort ist, anders als das Stammlager und Birkenau, nicht Teil der Gedenkstätte, deshalb erinnerten vor Ort keine Informationstafeln an das KZ. Während das Stammlager sowie Birkenau sehr gut besucht werden, schaut sich kaum jemand auf dem ehemaligen Gelände von Auschwitz III Buna-Monowitz um. Die Dorfbewohner:innen sind vielleicht dankbar darum. Wir versuchten, den Lageraufbau vor Ort zu rekonstruieren. Das Dorf liegt in unmittelbarer Nähe eines Chemie-Konzerns. So war es damals, so ist es heute. Wir mussten nicht allzu lange suchen, um auf Spuren zu stoßen: Lagerumzäunungen, die weitergenutzt wurden, ein großer Bunker am Dorfrand, etliche kleinere Bunkeranlagen in Gärten, die Lagerstraße, die jetzt wieder die Dorfstraße ist, eine zerfallende Baracke am Rand des Dorfs, die zur SS gehört haben muss, und ein Denkmal, aufgestellt von den Dorfbewohner:innen, das an die jüdischen Häftlinge mit einem großen weißen Kreuz erinnert. Die bei dieser Spurensuche entstandenen Fotografien zeigten wir erstmals im Januar 2012 als Ausstellung »Gegenwart_Auschwitz« im Foyer des IG Farben-Gebäudes. Es hätte keinen passenderen Ort dafür gegeben. Die Beschäftigung mit der Shoah und Auschwitz hat mich seitdem nicht mehr losgelassen.

Ich möchte mich sehr herzlich bedanken beim Verbrecher Verlag, namentlich bei Jörg Sundermeier und Kristine Listau, die sofort bereit dazu waren, nach »Arbeit, Dienst und Führung« noch ein Buch zum Thema »deutsche Arbeit« zu unterstützen, und bei Alyssa Fenner, die das Manuskript umsichtig lektorierte. Herzlichen Dank an Andreas Kahrs und das Archiv des Staatlichen Museums Auschwitz-Birkenau für die Hilfe bei Hintergrundrecherchen. Besonders bedanken möchte ich mich bei Lisa Eiling, Nicholas Potter und Marietheres Triebe, die Teile des Buchs gelesen und mit mir diskutiert haben sowie insbesondere bei Judith Hoehne-Krawczyk, die dabei war, als wir zum ersten Mal in Monowice waren und mir von Anfang bis Ende dieses Projekts hilfreich zur Seite stand. Der Amadeu Antonio Stiftung danke ich dafür, dass sie mir täglich praktisch vor Augen führt, wie die Erinnerung an den Nationalsozialismus mit unseren gegenwärtigen Auseinandersetzungen mit Antisemitismus und Rechtsextremismus verbunden ist. Dass ich nebenher abtauchen und noch ein Buch zu diesem Thema schreiben konnte, verdanke ich dem Verständnis und der Geduld von Kirsten und Jona Dierolf, die akzeptieren, dass ich so bin, sowie meinen Eltern, Christiane Lelle-Krass, Frank Lelle und Jürgen Krass, die mich in alledem immer unterstützt haben. Ohne meine Mutter wäre ich heute nicht der, der ich bin, und stünde nicht da, wo ich stehe. Ihr ist dieses Buch gewidmet.

Anmerkungen

1 Vgl. Czech, Danuta, »Entstehungsgeschichte des KL Auschwitz, Aufbau- und Ausbauperiode«, in: Piper, Franciszek / Swiebocka, Teresa (Hg.), *Auschwitz. Nationalsozialistisches Vernichtungslager*, Oświęcim 2009, S. 30–57, hier S. 37.

2 Strzelecka, Irena, »Pierwsze Deportacje do Auschwitz. Więźniowie Transportu z wiśnicza nowego (Numery 759-1071) – (Erste Transporte nach Auschwitz)«, in: *Pierwsze Deportacje do Auschwitz*. Online abrufbar unter: https://lekcja.auschwitz.org/pl_14_transporty/ [letzter Zugriff: 27.05.2023].

3 Wellmann, Natalie, »Jan Liwacz. Człowiek z żelaza« (Jan Liwacz. Mann aus Eisen), in: *Portal i.pl*, 18.02.2010. Online abrufbar unter: https://i.pl/jan-liwacz-czlowiek-z-zelaza/ar/223282 [letzter Zugriff: 27.05.2023].

4 Friedländer, Saul / Frei, Norbert / Steinbacher, Sybille / Diner, Dan (Hg.), *Ein Verbrechen ohne Namen. Anmerkung zum neuen Streit über den Holocaust*, München 2022.

5 Vgl. Adorno, Theodor W., *Negative Dialektik*, Frankfurt am Main 1997, S. 356.

6 Claussen, Detlev, »Antisemitismus und Gesellschaftstheorie«, in: Wiehn, Erhard R. (Hg.), *Judenfeindschaft. Eine öffentliche Vortragsreihe an der Universität Konstanz 1988/89*, Konstanz 1989, S. 97–117, hier S. 102.

7 Reichel, Peter, »Auschwitz«, in: François, Étienne / Schulze, Hagen (Hg.), *Deutsche Erinnerungsorte. Eine Auswahl*, München 2005, S. 309–331, hier S. 331.

8 Vgl. Strzelecka, Irena, »Die ersten Polen im KZ Auschwitz«, in: Gesellschaft zur Betreuung von Auschwitz (Hg.), *Memento Auschwitz. Sonderheft*, Warschau 1998, S. 9–23, hier S. 9.

9 Heubner, Christoph / Lehmann, Karl-Heinz, *was in Erinnerung bleibt ... / ... the memories live on ... Eine Ausstellung des Internationalen Auschwitz Komitees in Kooperation mit der Gedenkstätte Deutscher Widerstand, dem Staatlichen Museum und der Internationalen Jugendbegegnungsstätte Oswiecim*, Berlin 2010, S. 16.

10 Ebd.

11 Vgl. Rensinghoff, Ines, »Auschwitz Stammlager. Das Tor ›Arbeit macht frei‹«, in: Hoffmann, Detlef (Hg.), *Das Gedächtnis der Dinge. KZ-Relikte und KZ-Denkmäler 1945–1995*, Frankfurt am Main u. a. 1998, S. 238–265, hier S. 248.

12 Langbein, Hermann, ... *nicht wie die Schafe zur Schlachtbank. Widerstand in den nationalsozialistischen Konzentrationslagern 1938–1945*, Frankfurt am Main 1985.

13 Vgl. Blatt, Thomas T., *Sobibór – der vergessene Aufstand,* Münster 2003.; vgl. Wójcik, Michał, *Der Aufstand von Treblinka. Revolte im Vernichtungslager*, München 2020.
14 Langbein, … *nicht wie die Schafe zur Schlachtbank*, S. 58.
15 Därmann, Iris, *Undienlichkeit. Gewaltgeschichte und politische Philosophie*, Berlin 2020, S. 304.
16 Heubner / Lehmann, *was in Erinnerung bleibt …*, S. 16.
17 Rensinghoff, »Auschwitz Stammlager«, S. 248.
18 Vgl. Stier, Oren Baruch, *Holocaust icons. Symbolizing the Shoah in history and memory*, New Brunswick, New Jersey 2015.
19 Vgl. Riedel, Dirk, »›Arbeit macht frei‹. Leitsprüche und Metaphern aus der Welt des Konzentrationslagers«, in: Benz, Wolfgang / Distel, Barbara (Hg.), *Realität – Metapher – Symbol. Auseinandersetzung mit dem Konzentrationslager*, Dachau 2006, S. 11–29, hier S. 18.; vgl. Brückner, Wolfgang, *»Arbeit macht frei«. Herkunft und Hintergrund der KZ-Devise,* Opladen 1998, S. 20 f.
20 Brückner, *»Arbeit macht frei«*, S. 22.
21 Vgl. Riedel, »›Arbeit macht frei‹«, S. 12.
22 Zitiert nach ebd., S. 13.
23 Kaienburg, Hermann, *Der Militär- und Wirtschaftskomplex der SS im KZ-Standort Sachsenhausen-Oranienburg. Schnittpunkt von KZ-System, Waffen-SS und Judenmord*, Berlin 2006, S. 135.
24 Foucault, Michel, *Überwachen und Strafen. Die Geburt des Gefängnisses*, Frankfurt am Main 2014, S. 256 f.
25 Morsch, Günter (Hg.), *Die Konzentrationslager-SS 1936–1945: Exzess- und Direkttäter im KZ Sachsenhausen. Eine Ausstellung am historischen Ort*, Berlin 2016, S. 39.
26 Vgl. ebd., S. 45.
27 Vgl. Riedel, »›Arbeit macht frei‹«, S. 17.
28 Ebd., S. 18.
29 Vgl. ebd.
30 Rensinghoff, »Auschwitz Stammlager«, S. 246.
31 Ebd.
32 Höß, Rudolf, *Kommandant in Auschwitz. Autobiographische Aufzeichnungen. Eingeleitet und kommentiert von Martin Broszat*, Stuttgart 1958, S. 93 f.
33 Schmitz, Anna-Raphaela, *Dienstpraxis und außerdienstlicher Alltag eines KL-Kommandanten: Rudolf Höß in Auschwitz*, Berlin 2022, S. 90.
34 Ebd.
35 Brückner, *»Arbeit macht frei«*, S. 26.
36 Ebd., S. 16.
37 Hamacher, Werner, »Arbeiten Durcharbeiten«, in: Baecker, Dirk (Hg.), *Archäologie der Arbeit,* Berlin 2002, S. 155–201, hier S. 163 f.
38 Vgl. Brunssen, Frank, »›Jedem das Seine‹. Zur Aufarbeitung des lexikalischen NS-Erbes«, in: *Aus Politik und Zeitgeschichte* 70 (2010), H. 8, S. 14–20, hier S. 15 f.
39 Vgl. Arlt, Hans-Jürgen, *Arbeit und Freiheit. Eine Paradoxie der Moderne*, Wiesbaden 2017.

40 Marx, Karl, »Das Kapital. Erster Band. Kritik der politischen Ökonomie«, in: Rosa-Luxemburg-Stiftung (Hg.), *Marx Engels Werke Band 23*, Berlin 2008, hier S. 742.
41 Adorno, Theodor W., *Minima Moralia. Reflexionen aus dem beschädigten Leben*, Frankfurt am Main 2003, S. 289.
42 Vgl. Wulf, Hans-Albert, *Faul. Der lange Marsch in die kapitalistische Arbeitsgesellschaft*, Norderstedt 2016.
43 Brückner, »*Arbeit macht frei*«, S. 91.
44 Vgl. Schatz, Holger / Woeldike, Andrea, *Freiheit und Wahn deutscher Arbeit. Zur historischen Aktualität einer folgenreichen antisemitischen Projektion*, Hamburg 2001.
45 Brückner, »*Arbeit macht frei*«, S. 31.
46 Ebd., S. 32.
47 Vgl. ebd., S. 43.
48 Ebd., S. 16.
49 Vgl. Rensinghoff, »Auschwitz Stammlager«, S. 251.
50 Ebd.
51 Ebd., S. 252.
52 Riedel, »›Arbeit macht frei‹«, S. 22.
53 Ebd., S. 23.
54 Ebd.
55 Brückner, »*Arbeit macht frei*«, S. 51 f.
56 Vrba, Rudolf, *Ich kann nicht vergeben. Meine Flucht aus Auschwitz*, Frankfurt am Main 2015, S. 86.
57 Wohl, Tibor, *Arbeit macht tot. Eine Jugend in Auschwitz*, Frankfurt am Main 1990, S. 19.
58 Gajewski, Grzegorz: »Die Schreiberin von Auschwitz.« Online abrufbar unter: https://www.youtube.com/watch?v=Um5chKGeYAE [letzter Zugriff 27.05.2023].
59 Brückner, »*Arbeit macht frei*«, S. 24.
60 Kaienburg, Hermann, *Das Konzentrationslager Sachsenhausen 1936–1945. Zentrallager des KZ-Systems*, Berlin 2021, S. 217.
61 Posmysz, Zofia, *Chrystus oświęcimski. Christus von Auschwitz*, Oświęcim 2011, S. 48.
62 Vgl. MOCAK – Museum für Gegenwartskunst Krakau (Hg.), *Wilhelm Brasse. Fotograf. 3444. Auschwitz 1940–1945*, Berlin / Krakau 2011, S. 29.
63 Rensinghoff, »Auschwitz Stammlager«, S. 249.
64 Vgl. Benvenuti, Arturo, *KZ. Zeichnungen aus den NS-Konzentrationslagern. Mit einem Vorwort von Primo Levi*, Wien 2017, S. 42.
65 Vgl. ebd., S. 80.
66 Benvenuti, *KZ. Zeichnungen aus den NS-Konzentrationslagern*, S. 8 f.
67 Jarka, Horst (Hg.), *Jura Soyfer. Das Gesamtwerk*, Wien 1980, S. 245 f.
68 Kreul, Markus »Die Kraft der Musik. Dachaulied (Jura Soyfer, Herbert Zipper). Episode 3 eines Video Podcasts«. Online abrufbar unter: https://www.youtube.com/watch?v=iQA4HRcmnrQ [letzter Zugriff: 27.05.2023].

69 Gross, Raphael, *November 1938. Die Katastrophe vor der Katastrophe*, München 2013.
70 Vgl. Stier, *Holocaust icons*, S. 78.
71 Drobisch, Klaus, »Hinter der Torinschrift ›Arbeit macht frei‹. Häftlingsarbeit, wirtschaftliche Nutzung und Finanzierung der Konzentrationslager 1933 bis 1939«, in: Kaienburg, Hermann (Hg.), *Konzentrationslager und deutsche Wirtschaft 1939–1945*, Opladen 1996, S. 17–28, hier S. 17.
72 Brückner, *»Arbeit macht frei«*, S. 91.
73 Ebd.
74 Benvenuti, *KZ. Zeichnungen aus den NS-Konzentrationslagern*, S. 226.
75 Brückner, *»Arbeit macht frei«*, S. 83.
76 Ebd.
77 Focke, Harald / Reimer, Uwe, *Alltag unterm Hakenkreuz. Ein aufklärendes Lesebuch*, Reinbek bei Hamburg 1994, S. 143.
78 Hachtmann, Rüdiger, *Das Wirtschaftsimperium der Deutschen Arbeitsfront 1933-1945*, Göttingen 2012, S. 16.
79 Focke / Reimer, *Alltag unterm Hakenkreuz*, S. 147.
80 Ley, Robert, »Unsere Arbeit macht uns frei«, in: *Schulungsbrief* 10 (1943), H. 1, S. 2–4, hier S. 2.
81 Ebd.
82 Ebd.
83 Ebd.
84 Ebd.
85 Ebd.
86 Ebd., S. 3.
87 Ley, »Unsere Arbeit macht uns frei«, S. 3.
88 Ebd.
89 Ebd.
90 Ebd.
91 Vgl. Osterloh, Jörg / Schulte, Jan E. (Hg.), *»Euthanasie« und Holocaust. Kontinuitäten, Kausalitäten, Parallelitäten*, Leiden u. a. 2021.
92 Ley, »Unsere Arbeit macht uns frei«, S. 3.
93 Ebd.
94 Ebd.
95 Ebd.
96 Ebd.
97 Vgl. Luther, Martin, *Von den Juden und ihren Lügen. Erstmals in heutigem Deutsch mit Originaltext und Begriffserläuterungen*, Aschaffenburg 2016, S. 242.
98 Horkheimer, Max / Adorno, Theodor W., *Dialektik der Aufklärung*, Frankfurt am Main 2000, S. 208 f.
99 Ebd., S. 201.
100 Bröckling, Ulrich, *Das unternehmerische Selbst. Soziologie einer Subjektivierungsform*, Frankfurt am Main 2007, S. 283.

101 Vgl. Lelle, Nikolas, »Der Nationalsozialismus und sein Versuch der Abschaffung von Arbeitslosigkeit und Nicht-Arbeit«, in: *Zeitschrift für Geschichtswissenschaft* 70 (2022), H. 4, S. 329–342, hier S. 341 f.
102 Ley, »Unsere Arbeit macht uns frei«, S. 4.
103 Smelser, Ronald M., *Robert Ley. Hitlers Mann an der »Arbeitsfront«: eine Biographie*, Paderborn 1989, S. 101.
104 Ley, »Unsere Arbeit macht uns frei«, S. 4.
105 Reichsorganisationsleiter der NSDAP (Hg.), *Der Schulungsbrief. Erstes Heft*, Berlin 1943, S. 1.
106 Ebd.
107 Rollitz, Horst, »Arbeitshaltung bei uns und den Anderen«, in: *Schulungsbrief* 10 (1943), H. 1, S. 5–8, hier S. 5 f.
108 Ebd., S. 7.
109 Reichsorganisationsleiter der NSDAP (Hg.), *Der Schulungsbrief*, S. 10 f.
110 Wohl, *Arbeit macht tot*, S. 178.
111 Vgl. ebd.
112 Vgl. ebd., S. 7.
113 Hofmeyer, Hans, »Mündliche Urteilsbegründung«, in: *Tonbandmitschnitte des Auschwitz-Prozesses (1963–1965)*. Online abrufbar unter: http://www.auschwitz-prozess.de [letzter Zugriff: 27.05.2023].
114 Memelsdorff, Franz / Heller, Georg, *Im KZ. Zwei jüdische Schicksale 1938/1945, Kommentiert und mit einer Einleitung versehen von Angelika Benz*, Frankfurt 2012, S. 97.
115 Geisel, Eike, »Die Gegenwart der Vergangenheit: Stichworte«, in: Geisel, Eike, *Die Wiedergutwerdung der Deutschen. Essays & Polemiken*, hg. v. Bittermann, Klaus, Berlin 2015, S. 207–216, hier S. 214.
116 Wohl, *Arbeit macht tot*, S. 108.
117 Claussen, Detlev, *Grenzen der Aufklärung. Die gesellschaftliche Genese des modernen Antisemitismus*, Frankfurt am Main 2005, S. 217.
118 Kielar, Wiesław, *Anus mundi. Fünf Jahre Auschwitz*, Frankfurt am Main 2016.
119 Kühl, Stefan, *Ganz normale Organisationen. Zur Soziologie des Holocaust*, Berlin 2018.
120 Goldhagen, Daniel, *Hitlers willige Vollstrecker. Ganz gewöhnliche Deutsche und der Holocaust*, Berlin 1996.
121 Browning, Christopher R., *Ganz normale Männer. Das Reserve-Polizeibataillon 101 und die »Endlösung« in Polen*, Reinbek bei Hamburg 1999.
122 Kühl, *Ganz normale Organisationen*, S. 326.
123 Postone, Moishe, »Antisemitismus und Nationalsozialismus. Ein theoretischer Versuch«, in: Postone, Moishe (Hg.), *Deutschland, die Linke und der Holocaust. Politische Interventionen*, Freiburg 2005, S. 165–194, hier S. 193.
124 Ebd.
125 Diner, Dan, »Über kognitives Entsetzen«, in: Friedländer, Saul / Frei, Norbert / Steinbacher, Sybille / Diner, Dan (Hg.), *Ein Verbrechen ohne Namen. Anmerkung zum neuen Streit über den Holocaust*, München 2022, S. 69–86, hier S. 83.

126 Ebd., S. 81.
127 Vgl. Adorno, *Negative Dialektik*, S. 356.
128 Hamacher, »Arbeiten Durcharbeiten«, S. 163.
129 Vgl. Steinbacher, Sybille, *Auschwitz. Geschichte und Nachgeschichte*, München [4]2017, S. 34.
130 Staatliches Museum Auschwitz-Birkenau, »The SS garisson«, in: *Auschwitz-Birkenau*. Online abrufbar unter: https://www.auschwitz.org/en/history/the-ss-garrison/ [letzter Zugriff: 27.05.2023].
131 Wohl, *Arbeit macht tot*, S. 38.
132 Ebd., S. 36.
133 Ebd., S. 37.
134 Wohl, *Arbeit macht tot*, S. 36.
135 Ebd., S. 39.
136 Goldhagen, *Hitlers willige Vollstrecker*, S. 363.
137 Nikolaus Wachsmann, *KL. Die Geschichte der nationalsozialistischen Konzentrationslager*, Bonn 2017, S. 148.
138 Ebd., S. 150.
139 Ebd.
140 Höß, Rudolf, »Aufzeichnungen«, in: Bezwińska, Jadwiga (Hg.), *Auschwitz in den Augen der SS. Rudolf Höß, Pery Broad, Johann Paul Kremer*, Auschwitz 2005, S. 26–94, hier S. 35.
141 Wohl, *Arbeit macht tot*, S. 103.
142 Ebd., S. 104.
143 Vgl. Wagner, Jens-Christian, *Produktion des Todes. Das KZ Mittelbau-Dora*, Ort nicht ermittelbar 2015, S. 348.
144 Wagner, Jens-Christian (Hg.), *Konzentrationslager Mittelbau-Dora 1943–1945. Begleitband zur ständigen Ausstellung in der KZ-Gedenkstätte Mittelbau-Dora*, Göttingen 2014, S. 118.
145 Winter, Martin C., »Die HASAG im Generalgouvernement. Ein firmeneigenes Lagersystem inmitten des Holocaust«, in: Friebel, Anne / Ulbricht, Josephine (Hg.), *Zwangsarbeit beim Rüstungskonzern HASAG. Der Werksstandort Leipzig im Nationalsozialismus und seine Nachgeschichte*, Leipzig 2023, S. 27–46, hier S. 40.
146 Ebd., S. 41.
147 Ebd., S. 42.
148 Goldhagen, *Hitlers willige Vollstrecker*, S. 364.
149 Ebd.
150 Ebd.
151 Ebd.
152 Ebd.
153 Phelps, Reginald H., »Hitlers ›grundlegende‹ Rede über den Antisemitismus. Dokumentiert und eingeleitet von Reginald H. Phelps«, in: *Vierteljahrshefte für Zeitgeschichte* 16 (1968), H. 4, S. 390–420.
154 Vgl. NSDAP, »Parteiprogramm der NSDAP vom 25.2.1920«, in: Mommsen, Wilhelm (Hg.), *Deutsche Parteiprogramme*, München 1960, S. 547–549.

155 Phelps, »Hitlers ›grundlegende‹ Rede über den Antisemitismus«, S. 401.

156 Axster, Felix, »Arbeit, Teilhabe und Ausschluss. Zum Verhältnis zwischen kolonialem Rassismus und nationalsozialistischem Antisemitismus«, in: Kundrus, Birthe / Steinbacher, Sybille (Hg.), *Kontinuitäten und Diskontinuitäten. Der Nationalsozialismus in der Geschichte des 20. Jahrhunderts*, Göttingen 2013, S. 121–133, hier S. 133.

157 Feder, Gottfried, *Manifest zur Brechung der Zinsknechtschaft des Geldes*, München 1919, S. 9.

158 Ebd., S. 37.

159 Postone, »Antisemitismus und Nationalsozialismus«, S. 192.

160 Rokahr, Sandra, »Missglückte Befreiung. Zur negativen Aufhebung entfremdeter Arbeit im Nationalsozialismus«, in: Axster, Felix / Lelle, Nikolas (Hg.), *»Deutsche Arbeit«. Kritische Perspektiven auf ein ideologisches Selbstbild*, Göttingen 2018, S. 135–156, hier S. 154.

161 Schatz / Woeldike, *Freiheit und Wahn deutscher Arbeit*, S. 141.

162 Hitler, Adolf, *Mein Kampf. Eine kritische Edition, Band II: Die nationalsozialistische Bewegung*, München / Berlin 2016, S. 1253.

163 Vgl. Goldhagen, *Hitlers willige Vollstrecker*, S. 364.

164 Brückner, *»Arbeit macht frei«*, S. 92.

165 Höß, »Aufzeichnungen«, S. 63.

166 Hamacher, »Arbeiten Durcharbeiten«, S. 163.

167 Ebd.

168 Goldhagen, Daniel, *Hitler's willing executioners. Ordinary Germans and the Holocaust*, London 1996, S. 323.

169 Goldhagen, *Hitlers willige Vollstrecker*, S. 380.

170 Hamacher, »Arbeiten Durcharbeiten«, S. 163 f.

171 Levi, Primo, *Ist das ein Mensch? Ein autobiographischer Bericht*, München [6]2016, S. 20.

172 Vgl. ebd., S. 167.

173 Vgl. Ataria, Yochai, *Primo Levi and Ka-Tzetnik. The map and the territory*, Cham 2021, S. 93.

174 Levi, Primo, »›Arbeit macht frei‹«, in: Belpoliti, Marco (Hg.), *The black hole of Auschwitz*, Cambridge 2005, S. 8–9, hier S. 8.

175 Ebd.

176 Ebd., S. 9.

177 Ebd.

178 Adorno, Theodor W., »Aldous Huxley und die Utopie«, in: Adorno, Theodor W. / Tiedemann, Rolf (Hg.), *Kulturkritik und Gesellschaft I. Gesammelte Schriften Band 10.1. Prismen. Ohne Leitbild*, Frankfurt am Main 2003, S. 97–122, hier S. 99.

179 Levi, Primo, *Die Untergegangenen und die Geretteten*, München 1990, S. 134.

180 Höß, »Aufzeichnungen«, S. 26.

181 Vgl. Benchouiha, Lucie, *Primo Levi. Rewriting the Holocaust*, Leicester 2006, S. 82.

182 Ebd., S. 90.

183 Améry, Jean, »Zur Psychologie des deutschen Volkes«, in: Heidelberger-Leonard, Irene / Scheit, Gerhard (Hg.), *Werke Band 2. Jenseits von Schuld und Sühne, Unmeisterliche Wanderjahre, Örtlichkeiten*, Stuttgart 2002, S. 500–534, hier S. 513.
184 Améry, Jean, »Vorwort zur ersten Ausgabe 1966«, in: ebd., S. 20–22, hier S. 20.
185 Scheit, Gerhard, »Nachwort«, in: ebd., S. 629–692, hier S. 630.
186 Vgl. ebd., S. 630.
187 Ataria, *Primo Levi and Ka-Tzetnik*, S. 105.
188 Scheit, »Nachwort«, S. 630.
189 Ebd.
190 Ebd.
191 Améry, »Zur Psychologie des deutschen Volkes«, S. 500.
192 Ebd.
193 Ebd., S. 501.
194 Ebd.
195 Améry, »Zur Psychologie des deutschen Volkes«, S. 502.
196 Ebd., S. 503.
197 Ebd., S. 513.
198 Ebd., S. 516.
199 Ebd.
200 Ebd., S. 513.
201 Ebd., S. 516.
202 Ebd., S. 517.
203 Ebd.
204 Ebd., S. 518.
205 Ebd., S. 518 f.
206 Zitiert nach Adorno, Theodor W., »Auf die Frage: Was ist deutsch«, in: Adorno, Theodor W. / Tiedemann, Rolf (Hg.), *Kulturkritik und Gesellschaft II. Gesammelte Schriften Band 10.2. Eingriffe. Stichworte. Anhang*, Frankfurt am Main 2003, S. 691–701, hier S. 693.
207 Améry, »Zur Psychologie des deutschen Volkes«, S. 519.
208 Ebd., S. 525.
209 Ebd., S. 529.
210 Ebd.
211 Ebd., S. 632.
212 Schatz / Woeldike, *Freiheit und Wahn deutscher Arbeit*, S. 158.
213 Vgl. Knigge, Volkhard / Ehrlich, Franz / Bräu, Ramona / Fleischmann, Gerd (Hg.), *Franz Ehrlich. Ein Bauhäusler in Widerstand und Konzentrationslager; eine Ausstellung der Stiftung Gedenkstätten Buchenwald und Mittelbau-Dora in Zusammenarbeit mit der Klassik-Stiftung Weimar und der Stiftung Bauhaus Dessau, 2. August 2009–11. Oktober 2009 im Neuen Museum Weimar*, Weimar 2009.
214 Hitler, *Mein Kampf*, S. 753.
215 Ayaß, Wolfgang, *»Asoziale« im Nationalsozialismus*, Stuttgart 1995, S. 43.
216 Vgl. Schmid, Hans-Dieter, »Die Aktion ›Arbeitsscheu Reich‹ 1938«, in: KZ-Gedenkstätte Neuengamme (Hg.), *Ausgegrenzt. »Asoziale« und »Kriminelle« im nationalsozialistischen Lagersystem*, Bremen 2009, S. 31–42.

217 Hoppe, Rudolf, »›Wer nicht arbeiten will, soll auch nicht essen‹: zur Bedeutung der ›Arbeit‹ im Neuen Testament«, in: *Internationale katholische Zeitschrift Communio* 40 (2011), H. 2, S. 92–103, hier S. 99.

218 Ebd., S. 99.

219 Vgl. Ley, »Unsere Arbeit macht uns frei«, S. 3.

220 Knigge, Volkhard / Lüttgenau, Rikola-Gunnar / Wagner, Jens-Christian, »Einleitung«, in: dies. (Hg.), *Zwangsarbeit. Die Deutschen, die Zwangsarbeiter und der Krieg: Begleitband zur Ausstellung*, Weimar 2010, S. 6–11, hier S. 6.

221 Vgl. Rensinghoff, »Auschwitz Stammlager«, S. 246.

222 Hitler, Adolf, »Rede zum Tag der nationalen Arbeit am 1. Mai 1933«, in: Goebbels, Joseph (Hg.), *Reden des Reichskanzlers Adolf Hitler, des neuen Deutschlands Führer. Das junge Deutschland will Arbeit und Frieden. Mit einem Vorwort von Joseph Goebbels*, Berlin 1933, S. 32–39, hier S. 37.

223 König, Helmut, *Elemente des Antisemitismus. Kommentare und Interpretationen zu einem Kapitel der Dialektik der Aufklärung von Max Horkheimer und Theodor W. Adorno*, Weilerswist 2016, S. 69.

224 Ebd., S. 11 f.

225 Vgl. Hamacher, »Arbeiten Durcharbeiten«, S. 163.

226 Ley, Robert, »Wesen und Aufbau der Deutschen Arbeitsfront«, in: Dauer, Hans (Hg.), *Durchbruch der sozialen Ehre. Reden und Gedanken für das schaffende Deutschland*, Berlin 1935, S. 45–48, hier S. 46.

227 Ley, Robert, »Ein Jahr ›Kraft durch Freude‹«, in: ebd., S. 208–224, hier S. 210.

228 Eckart, Dietrich, »An alle Werktätigen«, in: Busch, Charlotte / Gehrlein, Martin / Uhlig, Tom David (Hg.), *Schiefheilungen. Zeitgenössische Betrachtungen über Antisemitismus*, Wiesbaden 2016, S. 183 f.

229 Benjamin, Walter, »Das Kunstwerk im Zeitalter seiner technischen Reproduzierbarkeit. Zweite Fassung«, in: Tiedemann, Rolf / Schweppenhäuser, Hermann (Hg.), *Gesammelte Schriften I.2. Unter Mitwirkung von Theodor W. Adorno und Gershom Scholem*, Frankfurt am Main 1974, S. 471–508, hier S. 506.

230 Ebd.

231 Hamacher, »Arbeiten Durcharbeiten«, S. 159.

232 Ebd.

233 Phelps, »Hitlers ›grundlegende‹ Rede über den Antisemitismus«, S. 400.

234 Ebd.

235 Vgl. Lelle, Nikolas, *Arbeit, Dienst und Führung. Der Nationalsozialismus und sein Erbe*, Berlin 2022.

236 Vgl. Phelps, »Hitlers ›grundlegende‹ Rede über den Antisemitismus«, S. 400.

237 Vgl. ebd., S. 405.

238 Nordhoff, Heinrich, »Auszüge der Ansprache bei der Betriebsversammlung am 1. Oktober 1949«, *Reden und Aufsätze. Zeugnisse einer Ära*, Düsseldorf 1992, S. 92–96, hier S. 92.

239 Arendt, Hannah, »Besuch in Deutschland (1950)«, in: Knott Marie Luise (Hg.), *Zur Zeit. Politische Essays. Aus dem Amerikanischen von Eike Geisel*, München 1989, S. 43–70, hier S. 50 f.

240 Ebd.

241 Das Zitat säumt heute die Außenwand des Norbert Wollheim Memorials auf dem IG Farben Campus, der offiziell von der Universität Campus Westend genannt wird, in Frankfurt am Main.

242 Heubner / Lehmann, *was in Erinnerung bleibt …*, S. 21.

243 Vgl. Weinke, Annette, *Die Nürnberger Prozesse*, München [2]2015.

244 Vgl. Eichmüller, Andreas, »Die Strafverfolgung von NS-Verbrechen durch westdeutsche Justizbehörden seit 1945. Eine Zahlenbilanz«, in: *Vierteljahrshefte für Zeitgeschichte* 56 (2008), H. 4, S. 621–640, hier S. 625.

245 Vgl. ebd., S. 630.

246 Wentker, Hermann, »Die juristische Ahndung von NS-Verbrechen in der Sowjetischen Besatzungszone und in der DDR«, in: *Kritische Justiz* 35 (2022), H. 1, S. 60–78, hier S. 71.

247 Ebd.

248 Ebd., S. 63.

249 Ebd., S. 62.

250 Weinke, *Die Nürnberger Prozesse*, S. 68.

251 Wentker, »Die juristische Ahndung von NS-Verbrechen in der Sowjetischen Besatzungszone und in der DDR«, S. 68.

252 Vgl. Eichmüller, »Die Strafverfolgung von NS-Verbrechen durch westdeutsche Justizbehörden seit 1945«, S. 626.

253 Vgl. Doerfer, Achim, *»Irgendjemand musste die Täter ja bestrafen«. Die Rache der Juden, das Versagen der deutschen Justiz nach 1945 und das Märchen deutsch-jüdischer Versöhnung*, Köln 2021, S. 111.

254 Steinbacher, Sybille, »Über Holocaustvergleiche und Kontinuitäten kolonialer Gewalt«, in: Friedländer, Saul / Frei, Norbert / Steinbacher, Sybille / Diner, Dan (Hg.), *Ein Verbrechen ohne Namen. Anmerkung zum neuen Streit über den Holocaust*, München 2022, S. 53–68, hier S. 59.

255 Vgl. Steinke. Ronen, *Fritz Bauer. Oder Auschwitz vor Gericht*, München / Zürich 2014.

256 Horkheimer / Adorno, *Dialektik der Aufklärung*, S. 209.

257 1991 erschien eine Dokumentation unter anderem über diesen Kongress: Schmidt, Michael, »›Wahrheit macht frei‹. Rechtsradikalismus in Deutschland.« Online abrufbar unter: https://www.youtube.com/watch?v=QsQsgei98sk [letzter Zugriff: 27.05.2023].

258 Nationaldemokratische Partei Deutschlands, »Gemeinnützige Arbeit macht den Kopf frei«. Online abrufbar unter: https://npd.de/2017/09/gemeinnuetzige-arbeit-macht-den-kopf-frei/ [letzter Zugriff: 27.05.2023].

259 Deutsche Presse-Agentur (dpa), »Kandidat mit ›Arbeit macht frei‹-Tattoo«, in: *Der Tagesspiegel* 28.02.2020. Online abrufbar unter: https://www.tagesspiegel.de/politik/staatsanwaltschaft-ermittelt-gegen-csu-listenkandidat-wegen-volksverhetzung-7381174.html [letzter Zugriff 27.05.2023].

260 Maaßen, Hans-Georg, Post vom 24.07.2023 auf X/Twitter. Online abrufbar unter: https://twitter.com/HGMaassen/status/1683402921998708736 [letzter Zugriff: 05.02.2024].

261 Radlmaier, Thomas: »›Nicht an Widerlichkeit zu überbieten‹: Empörung über Corona-Leugner«, in: *Süddeutsche Zeitung* 16.11.2020. Online abrufbar unter: www.sueddeutsche.de/muenchen/dachau/dachau-afd-kz-tor-fotomontage-1.5115933 [letzter Zugriff: 27.05.2023].

262 Der Post ist hier dokumentiert: Orlik, Marcello, »Abrechnung mit Wendler: Völlig in der Neonazi-Verschwörungsszene angekommen«, in: *Der Volksverpetzer* 19.01.2021. Online abrufbar unter: https://www.volksverpetzer.de/hintergrund/wendler-rechtsextrem-kopp/ [letzter Zugriff: 27.05.2023]; In der Presse war bisweilen fälschlicherweise zu lesen, es handele sich hier um die Abwandlung des Lagertors von Auschwitz. Zum Beispiel hier: R., Paulina, »Aufregung um Statement: So redet sich der Wendler raus!«, in: *Promiflash* 06.01.2021. Online abrufbar unter: https://www.promiflash.de/news/2021/01/06/aufregung-um-kz-statement-so-redet-sich-der-wendler-raus.html [letzter Zugriff: 27.05.2023].

263 Laschyk, Thomas, »Skandal: Rechtsextremer Wendler kriegt RTL2-Show«, in: *Der Volksverpetzer* 14.03.2023. Online abrufbar unter: https://www.volksverpetzer.de/aktuelles/rtl2-wendler-buehne/ [letzter Zugriff: 27.05.2023].

264 Vgl. Recherche- und Informationsstelle Antisemitismus Bayern, *Multidirektionale Angriffe auf die Erinnerung. Post-Shoah-Antisemitismus in Bayern*, München 2022, S. 30.

265 Brunssen, »›Jedem das Seine‹«, S. 19.

266 Unbekannt, »Moderatorin nach Nazi-Äußerung entlassen«, in: *Süddeutsche Zeitung* 09.08.2012. Online abrufbar unter: https://www.sueddeutsche.de/muenchen/gong-96-3-radiomoderatorin-nach-nazi-aeusserung-entlassen-1.1437186 [letzter Zugriff: 27.05.2023].

267 Hermel, Carla, »Schlagerstar schockiert mit Nazi-Parole im Whatsapp-Status«, in: *watson* 22.07.2022. Online abrufbar unter: https://www.watson.de/unterhaltung/musik/499993705-schlagerstar-schockiert-mit-naziparole [letzter Zugriff: 27.05.2023].

268 Cazés, Laura, »Sicher sind wir nicht geblieben«, in: Cazés, Laura (Hg.), *Sicher sind wir nicht geblieben. Jüdischsein in Deutschland*, Frankfurt am Main 2022, S. 11–29, hier S. 18.

269 Ebd.

270 Ebd., S. 19.

271 Adorno, Theodor W., »Was bedeutet: Aufarbeitung der Vergangenheit«, in: Adorno, Theodor W. / Tiedemann, Rolf (Hg.), *Kulturkritik und Gesellschaft II. Gesammelte Schriften Band 10.2. Eingriffe. Stichworte. Anhang*, Frankfurt am Main 2003, S. 555–572.

272 Stiftung Erinnerung Verantwortung Zukunft (Hg.), *Multidimensionaler Erinnerungsmonitor. Studie V*, Berlin 2022.

273 Freud, Sigmund, *Gesammelte Werke Band 9. Totem und Tabu*, London 1940, S. 27.

274 Ebd., S. 36.

275 Ebd., S. 45.

276 Adorno, *Negative Dialektik*, S. 358.

277 Adorno, Theodor W., »Was bedeutet: Aufarbeitung der Vergangenheit«, S. 566.
278 Ebd.
279 Geisel, Eike, *Die Wiedergutwerdung der Deutschen. Essays & Polemiken*, hg. v. Bittermann, Klaus, Berlin 2015.
280 Steinbacher, »Über Holocaustvergleiche und Kontinuitäten kolonialer Gewalt«, S. 67 f.
281 Adorno, »Was bedeutet: Aufarbeitung der Vergangenheit«, S. 571.
282 So lautete der Titel eines diskus-Hefts, das ich mit Freund:innen damals veröffentlichte. Vgl. Krumbügel, Janne / Lux, Dominik / Martinez, Marina M. / Stenmanns, Julian (Hg.), *Studieren nach Auschwitz. In Zusammenarbeit mit der Initiative Studierender am IG Farben Campus*, Frankfurt am Main 2013. Erweitert und neu aufgelegt wurde das Heft 2021.

Literatur

Adorno, Theodor W., *Negative Dialektik*, Frankfurt am Main 1997.

Adorno, Theodor W., »Aldous Huxley und die Utopie«, in: Adorno, Theodor W. / Tiedemann, Rolf (Hg.), *Kulturkritik und Gesellschaft I. Gesammelte Schriften Band 10.1. Prismen. Ohne Leitbild*, Frankfurt am Main 2003, S. 97–122.

Adorno, Theodor W. / Tiedemann, Rolf (Hg.), *Kulturkritik und Gesellschaft I. Gesammelte Schriften Band 10.1. Prismen. Ohne Leitbild*, Frankfurt am Main 2003.

Adorno, Theodor W., »Was bedeutet: Aufarbeitung der Vergangenheit«, in: Adorno, Theodor W. / Tiedemann, Rolf (Hg.), *Kulturkritik und Gesellschaft II. Gesammelte Schriften Band 10.2. Eingriffe. Stichworte. Anhang*, Frankfurt am Main 2003, S. 555–572.

Adorno, Theodor W., »Auf die Frage: Was ist deutsch«, in: Adorno, Theodor W. / Tiedemann, Rolf (Hg.), *Kulturkritik und Gesellschaft II. Gesammelte Schriften Band 10.2. Eingriffe. Stichworte. Anhang*, Frankfurt am Main 2003, S. 691–701.

Adorno, Theodor W. / Tiedemann, Rolf (Hg.), *Kulturkritik und Gesellschaft II. Gesammelte Schriften Band 10.2. Eingriffe. Stichworte. Anhang*, Frankfurt am Main 2003.

Adorno, Theodor W., *Minima Moralia. Reflexionen aus dem beschädigten Leben*, Frankfurt am Main 2003.

Améry, Jean, »Vorwort zur ersten Ausgabe 1966«, in: ders., *Werke Band 2. Jenseits von Schuld und Sühne, Unmeisterliche Wanderjahre, Örtlichkeiten*, hg. v. Heidelberger-Leonard, Irene / Scheit, Gerhard, Stuttgart 2002.

Améry, Jean, *Werke Band 2. Jenseits von Schuld und Sühne, Unmeisterliche Wanderjahre, Örtlichkeiten*, Stuttgart 2002.

Améry, Jean, »Zur Psychologie des deutschen Volkes«, in: ders., *Werke Band 2. Jenseits von Schuld und Sühne, Unmeisterliche Wanderjahre, Örtlichkeiten*, hg. v. Heidelberger-Leonard, Irene / Scheit, Gerhard, Stuttgart 2002.

Arendt, Hannah, »Besuch in Deutschland (1950)«, in: dies., *Zur Zeit. Politische Essays*, hg. v. Knott, Marie Luise, München 1989.

Arendt, Hannah, *Zur Zeit. Politische Essays*, aus dem Amerikanischen von Eike Geisel, München 1989.

Arlt, Hans-Jürgen, *Arbeit und Freiheit. Eine Paradoxie der Moderne*, Wiesbaden 2017.

Ataria, Yochai, *Primo Levi and Ka-Tzetnik. The map and the territory*, Cham 2021.

Axster, Felix, »Arbeit, Teilhabe und Ausschluss. Zum Verhältnis zwischen kolonialem Rassismus und nationalsozialistischem Antisemitismus«, in: Kundrus, Birthe /

Steinbacher, Sybille (Hg.), *Kontinuitäten und Diskontinuitäten. Der Nationalsozialismus in der Geschichte des 20. Jahrhunderts*, Göttingen 2013, S. 121–133.

Axster, Felix / Lelle, Nikolas (Hg.), *»Deutsche Arbeit«. Kritische Perspektiven auf ein ideologisches Selbstbild*, Göttingen 2018.

Ayaß, Wolfgang, *»Asoziale« im Nationalsozialismus*, Stuttgart 1995.

Baecker, Dirk (Hg.), *Archäologie der Arbeit*, Berlin 2002.

Benchouiha, Lucie, *Primo Levi. Rewriting the Holocaust*, Leicester 2006.

Benjamin, Walter, »Das Kunstwerk im Zeitalter seiner technischen Reproduzierbarkeit, Zweite Fassung«, in: ders., *Gesammelte Schriften I.2. Unter Mitwirkung von Theodor W. Adorno und Gershom Scholem*, hg. v. Tiedemann, Rolf / Schweppenhäuser, Hermann, Frankfurt am Main 1974.

Benjamin, Walter *Gesammelte Schriften I.2. Unter Mitwirkung von Theodor W. Adorno und Gershom Scholem*, Frankfurt am Main 1974.

Benvenuti, Arturo, *KZ. Zeichnungen aus den NS-Konzentrationslagern. Mit einem Vorwort von Primo Levi*, Wien 2017.

Benz, Wolfgang / Distel, Barbara (Hg.), *Realität – Metapher – Symbol. Auseinandersetzung mit dem Konzentrationslager*, Dachau 2006.

Bezwińska, Jadwiga (Hg.), *Auschwitz in den Augen der SS. Rudolf Höß, Pery Broad, Johann Paul Kremer*, Auschwitz 2005.

Blatt, Thomas T., *Sobibór. Der vergessene Aufstand*, Münster 2003.

Bröckling, Ulrich, *Das unternehmerische Selbst. Soziologie einer Subjektivierungsform*, Frankfurt am Main 2007.

Browning, Christopher R., *Ganz normale Männer. Das Reserve-Polizeibataillon 101 und die »Endlösung« in Polen*, Reinbek bei Hamburg 1999.

Brückner, Wolfgang, *»Arbeit macht frei«. Herkunft und Hintergrund der KZ-Devise*, Opladen 1998.

Brunssen, Frank, »›Jedem das Seine‹. Zur Aufarbeitung des lexikalischen NS-Erbes«, in: *Aus Politik und Zeitgeschichte* 70 (2010), H. 8, S. 14–20.

Busch, Charlotte / Gehrlein, Martin / Uhlig, Tom (Hg.), *Schiefheilungen. Zeitgenössische Betrachtungen über Antisemitismus*, Wiesbaden 2016.

Cazés, Laura, »Sicher sind wir nicht geblieben«, in: Cazés, Laura (Hg.), *Sicher sind wir nicht geblieben. Jüdischsein in Deutschland*, Frankfurt am Main 2022, S. 11–29.

Cazés, Laura (Hg.), *Sicher sind wir nicht geblieben. Jüdischsein in Deutschland*, Frankfurt am Main 2022.

Claussen, Detlev, »Antisemitismus und Gesellschaftstheorie«, in: Wiehn, Erhard R. (Hg.), *Judenfeindschaft. Eine öffentliche Vortragsreihe an der Universität Konstanz 1988/89*, Konstanz 1989, S. 97–117.

Claussen, Detlev, *Grenzen der Aufklärung. Die gesellschaftliche Genese des modernen Antisemitismus*, Frankfurt am Main 2005.

Czech, Danuta, »Entstehungsgeschichte des KL Auschwitz, Aufbau- und Ausbauperiode«, in: Piper, Franciszek / Swiebocka, Teresa (Hg.), *Auschwitz. Nationalsozialistisches Vernichtungslager*, Oświęcim 2009, S. 30–57.

Daermann, Iris, *Undienlichkeit. Gewaltgeschichte und politische Philosophie*, Berlin 2020.

Deutsche Presse-Agentur (dpa), »Kandidat mit ›Arbeit macht frei‹-Tattoo«, in: *Der Tagesspiegel* 28.02.2020. Online abrufbar unter: https://www.tagesspiegel.de/politik/staatsanwaltschaft-ermittelt-gegen-csu-listenkandidat-wegen-volksverhetzung-7381174.html [letzter Zugriff: 27.05.2023].

Diner, Dan, »Über kognitives Entsetzen«, in: Friedländer, Saul / Frei, Norbert / Steinbacher, Sybille / Diner, Dan (Hg.), *Ein Verbrechen ohne Namen. Anmerkung zum neuen Streit über den Holocaust*, München 2022, S. 69–86.

Doerfer, Achim, »*Irgendjemand musste die Täter ja bestrafen*«. *Die Rache der Juden, das Versagen der deutschen Justiz nach 1945 und das Märchen deutsch-jüdischer Versöhnung*, Köln 2021.

Drobisch, Klaus, »Hinter der Torinschrift ›Arbeit macht frei‹. Häftlingsarbeit, wirtschaftliche Nutzung und Finanzierung der Konzentrationslager 1933 bis 1939«, in: Kaienburg, Hermann (Hg.), *Konzentrationslager und deutsche Wirtschaft 1939–1945*, Opladen 1996, S. 17–28.

Eckart, Dietrich, »An alle Werktätigen«, in: Busch, Charlotte / Gehrlein, Martin / Uhlig, Tom David (Hg.), *Schiefheilungen. Zeitgenössische Betrachtungen über Antisemitismus*, Wiesbaden 2016, S. 183 f.

Eichmüller, Andreas, »Die Strafverfolgung von NS-Verbrechen durch westdeutsche Justizbehörden seit 1945. Eine Zahlenbilanz«, in: *Vierteljahrshefte für Zeitgeschichte* 56 (2008), H. 4, S. 621–640.

Feder, Gottfried, *Manifest zur Brechung der Zinsknechtschaft des Geldes*, München 1919.

Focke, Harald / Reimer, Uwe, *Alltag unterm Hakenkreuz. Ein aufklärendes Lesebuch*, Reinbek bei Hamburg 1994.

Foucault, Michel, *Überwachen und Strafen. Die Geburt des Gefängnisses*, Frankfurt am Main 2014.

François, Étienne / Schulze, Hagen (Hg.), *Deutsche Erinnerungsorte. Eine Auswahl*, München 2005.

Freud, Sigmund, *Gesammelte Werke Band 9. Totem und Tabu*, London 1940.

Friebel, Anne / Ulbricht, Josephine (Hg.), *Zwangsarbeit beim Rüstungskonzern HASAG. Der Werksstandort Leipzig im Nationalsozialismus und seine Nachgeschichte*, Leipzig 2023.

Friedländer, Saul / Frei, Norbert / Steinbacher, Sybille / Diner, Dan (Hg.), *Ein Verbrechen ohne Namen. Anmerkung zum neuen Streit über den Holocaust*, München 2022.

Gajewski, Grzegorz, »Die Schreiberin von Auschwitz«. Online abrufbar unter: www.youtube.com/watch?v=Um5chKGeYAE [letzter Zugriff: 27.05.2023].

Geisel, Eike, »Die Gegenwart der Vergangenheit: Stichworte«, in: Geisel, Eike, *Die Wiedergutwerdung der Deutschen. Essays & Polemiken*, hg. v. Bittermann, Klaus, Berlin 2015, S. 207–216.

Geisel, Eike, *Die Wiedergutwerdung der Deutschen. Essays & Polemiken*, hg. v. Bittermann, Klaus, Berlin 2015.

Gesellschaft zur Betreuung von Auschwitz (Hg.), *Memento Auschwitz. Sonderheft*, Warschau 1998.

Goebbels, Joseph (Hg.), *Reden des Reichskanzlers Adolf Hitler, des neuen Deutschlands Führer. Das junge Deutschland will Arbeit und Frieden. Mit einem Vorwort von Joseph Goebbels*, Berlin 1933.

Goldhagen, Daniel, *Hitlers willige Vollstrecker. Ganz gewöhnliche Deutsche und der Holocaust*, Berlin 1996.

Goldhagen, Daniel, *Hitler's willing executioners. Ordinary Germans and the Holocaust*, London 1996.

Gross, Raphael, *November 1938. Die Katastrophe vor der Katastrophe*, München 2013.

Hachtmann, Rüdiger, *Das Wirtschaftsimperium der Deutschen Arbeitsfront 1933–1945*, Göttingen 2012.

Hamacher, Werner, »Arbeiten Durcharbeiten«, in: Baecker, Dirk (Hg.), *Archäologie der Arbeit*, Berlin 2002, S. 155–201.

Hermel, Carla, »Schlagerstar schockiert mit Nazi-Parole im Whatsapp-Status«, in: *watson* 22.07.2022. Online abrufbar unter: https://www.watson.de/unterhaltung/musik/499993705-schlagerstar-schockiert-mit-naziparole [letzter Zugriff: 27.05.2023].

Heubner, Christoph / Lehmann, Karl-Heinz, *was in Erinnerung bleibt ... / ... the memories live on ... Eine Ausstellung des Internationalen Auschwitz Komitees in Kooperation mit der Gedenkstätte Deutscher Widerstand, dem Staatlichen Museum und der Internationalen Jugendbegegnungsstätte Oswiecim*, Berlin 2010.

Hitler, Adolf, »Rede zum Tag der nationalen Arbeit am 1. Mai 1933«, in: Goebbels, Joseph (Hg.), *Reden des Reichskanzlers Adolf Hitler, des neuen Deutschlands Führer. Das junge Deutschland will Arbeit und Frieden*, Berlin 1933, S. 32–39.

Hitler, Adolf, *Mein Kampf. Eine kritische Edition, Band II: Die nationalsozialistische Bewegung, 2 Bde.*, hg. v. Pascal Trees u. a., München/Berlin 2016.

Hoffmann, Detlef (Hg.), *Das Gedächtnis der Dinge. KZ-Relikte und KZ-Denkmäler 1945–1995*, Frankfurt am Main / New York 1998.

Hofmeyer, Hans, »Mündliche Urteilsbegründung«, in: *Tonbandmitschnitte des Auschwitz-Prozesses (1963-1965)*. Online abrufbar unter: http://www.auschwitz-prozess.de [letzter Zugriff: 27.05.2023].

Hoppe, Rudolf, »›Wer nicht arbeiten will, soll auch nicht essen‹: zur Bedeutung der ›Arbeit‹ im Neuen Testament«, in: *Internationale katholische Zeitschrift Communio* 40 (2011), H. 2, S. 92–103.

Horkheimer, Max / Adorno, Theodor W., *Dialektik der Aufklärung*, Frankfurt am Main 2000.

Höß, Rudolf, *Kommandant in Auschwitz. Autobiographische Aufzeichnungen. Eingeleitet und kommentiert von Martin Broszat*, Stuttgart 1958.

Höß, Rudolf, »Aufzeichnungen«, in: Bezwińska, Jadwiga (Hg.), *Auschwitz in den Augen der SS. Rudolf Höß, Pery Broad, Johann Paul Kremer*, Auschwitz 2005, S. 26–94.

Jarka, Horst (Hg.), *Jura Soyfer. Das Gesamtwerk*, Wien 1980.

Kaienburg, Hermann (Hg.), *Konzentrationslager und deutsche Wirtschaft 1939–1945*, Opladen 1996.

Kaienburg, Hermann, *Der Militär- und Wirtschaftskomplex der SS im KZ-Standort Sachsenhausen-Oranienburg. Schnittpunkt von KZ-System, Waffen-SS und Judenmord*, Berlin 2006.

Kaienburg, Hermann, *Das Konzentrationslager Sachsenhausen 1936–1945. Zentrallager des KZ-Systems*, Berlin 2021.

Kielar, Wiesław, *Anus mundi. Fünf Jahre Auschwitz*, Frankfurt am Main 2016.

Knigge, Volkhard / Ehrlich, Franz / Bräu, Ramona / Fleischmann, Gerd (Hg.), *Franz Ehrlich. Ein Bauhäusler in Widerstand und Konzentrationslager; eine Ausstellung der Stiftung Gedenkstätten Buchenwald und Mittelbau-Dora in Zusammenarbeit mit der Klassik-Stiftung Weimar und der Stiftung Bauhaus Dessau, 2. August 2009–11. Oktober 2009 im Neuen Museum Weimar*, Weimar 2009.

Knigge, Volkhard / Lüttgenau, Rikola-Gunnar / Wagner, Jens-Christian, »Einleitung«, in: dies (hg.), *Zwangsarbeit. Die Deutschen, die Zwangsarbeiter und der Krieg: Begleitband zur Ausstellung*, Weimar 2010, S. 6–11.

Knigge, Volkhard / Lüttgenau, Rikola-Gunnar / Wagner, Jens-Christian / Binner, Jens (Hg.), *Zwangsarbeit. Die Deutschen, die Zwangsarbeiter und der Krieg: Begleitband zur Ausstellung*, Weimar 2010.

König, Helmut, *Elemente des Antisemitismus. Kommentare und Interpretationen zu einem Kapitel der Dialektik der Aufklärung von Max Horkheimer und Theodor W. Adorno*, Weilerswist 2016.

Kreul, Markus »Die Kraft der Musik. Dachaulied (Jura Soyfer, Herbert Zipper). Episode 3 eines Video Podcasts«. Online abrufbar unter: www.youtube.com/watch?v=iQA4HRcmnrQ [letzter Zugriff: 27.05.2023].

Krumbügel, Janne / Lux, Dominik / Martinez, Marina M. / Stenmanns, Julian (Hg.), *Studieren nach Auschwitz. In Zusammenarbeit mit der Initiative Studierender am IG Farben Campus*, Frankfurt am Main 2013.

Kühl, Stefan, *Ganz normale Organisationen. Zur Soziologie des Holocaust*, Berlin 2018.

Kundrus, Birthe / Steinbacher, Sybille (Hg.), *Kontinuitäten und Diskontinuitäten. Der Nationalsozialismus in der Geschichte des 20. Jahrhunderts*, Göttingen 2013.

KZ-Gedenkstätte Neuengamme (Hg.), *Ausgegrenzt. »Asoziale« und »Kriminelle« im nationalsozialistischen Lagersystem*, Bremen 2009.

Langbein, Hermann, *… nicht wie die Schafe zur Schlachtbank. Widerstand in den nationalsozialistischen Konzentrationslagern 1938–1945*, Frankfurt am Main 1985.

Laschyk, Thomas, »Skandal: Rechtsextremer Wendler kriegt RTL2-Show«, in: *Der Volksverpetzer* 14.03.2023. Online abrufbar unter: www.volksverpetzer.de/aktuelles/rtl2-wendler-buehne/ [letzter Zugriff: 27.05.2023].

Lelle, Nikolas, *Arbeit, Dienst und Führung. Der Nationalsozialismus und sein Erbe*, Berlin 2022.

Lelle, Nikolas, »Der Nationalsozialismus und sein Versuch der Abschaffung von Arbeitslosigkeit und Nicht-Arbeit«, in: *Zeitschrift für Geschichtswissenschaft* 70 (2022), H. 4, S. 329–342.

Levi, Primo, *Die Untergegangenen und die Geretteten*, München 1990.

Levi, Primo, »›Arbeit macht frei‹«, in: ders., *The black hole of Auschwitz*, hg. v. Belpoliti, Marco, Cambridge 2005.

Levi, Primo, *The black hole of Auschwitz*, hg. v. Belpoliti, Marco, Cambridge 2005.

Levi, Primo, *Ist das ein Mensch? Ein autobiographischer Bericht*, München [6]2016.

Ley, Robert, *Durchbruch der sozialen Ehre. Reden und Gedanken für das schaffende Deutschland*, hg. v. Dauer, Hans, Berlin 1935.

Ley, Robert, »Ein Jahr ›Kraft durch Freude‹«, in: ders., *Durchbruch der sozialen Ehre. Reden und Gedanken für das schaffende Deutschland*, hg. v. Dauer, Hans, Berlin 1935.

Ley, Robert, »Wesen und Aufbau der Deutschen Arbeitsfront«, in: ders., *Durchbruch der sozialen Ehre. Reden und Gedanken für das schaffende Deutschland*, hg. v. Dauer, Hans, Berlin 1935.

Ley, Robert, »Unsere Arbeit macht uns frei«, in: *Schulungsbrief* 10 (1943), H. 1, S. 2–4.

Luther, Martin, *Von den Juden und ihren Lügen. Erstmals in heutigem Deutsch mit Originaltext und Begriffserläuterungen*, hg. v. Büchner, Karl-Heinz / Kammermeier, Bernd P. / Schlotz, Reinhold / Zwilling, Robert, Aschaffenburg 2016.

Maaßen, Hans-Georg, Post vom 24.07.2023 auf X/Twitter. Online abrufbar unter: https://twitter.com/HGMaassen/status/1683402921998708736 [letzter Zugriff: 05.02.2024].

Marx, Karl, »Das Kapital. Erster Band., Kritik der politischen Ökonomie«, in: ders., *Marx Engels Werke Band 23*, hg. v. Rosa-Luxemburg-Stiftung, Berlin 2008.

Marx, Karl, *Marx Engels Werke Band 23*, hg. v. Rosa-Luxemburg-Stiftung, Berlin 2008.

Memelsdorff, Franz / Heller, Georg, *Im KZ. Zwei jüdische Schicksale 1938/1945, Kommentiert und mit einer Einleitung versehen von Angelika Benz*, Frankfurt am Main 2012.

MOCAK – Museum für Gegenwartskunst Krakau (Hg.), *Wilhelm Brasse. Fotograf. 3444. Auschwitz 1940-1945*, Berlin/Krakau 2011.

Morsch, Günter (Hg.), *Die Konzentrationslager-SS 1936–1945: Exzess- und Direkttäter im KZ Sachsenhausen. Eine Ausstellung am historischen Ort*, Berlin 2016.

Nationaldemokratische Partei Deutschlands: »Gemeinnützige Arbeit macht den Kopf frei«. Online abrufbar unter: https://npd.de/2017/09/gemeinnuetzige-arbeit-macht-den-kopf-frei/ [letzter Zugriff: 27.05.2023].

Nordhoff, Heinrich, »Auszüge der Ansprache bei der Betriebsversammlung am 1. Oktober 1949«, in: ders., *Reden und Aufsätze. Zeugnisse einer Ära*, Düsseldorf 1992.

Nordhoff, Heinrich, *Reden und Aufsätze. Zeugnisse einer Ära*, Düsseldorf 1992.

NSDAP, »Parteiprogramm der NSDAP vom 25.2.1920«, in: Wilhelm Mommsen (Hg.), *Deutsche Parteiprogramme, 1*, München 1960, S. 547–549.

Orlik, Marcello, »Abrechnung mit Wendler: Völlig in der Neonazi-Verschwörungsszene angekommen«, in: *Der Volksverpetzer* 19.01.2021. Online abrufbar unter: www.volksverpetzer.de/hintergrund/wendler-rechtsextrem-kopp/ [letzter Zugriff: 27.05.2023].

Osterloh, Jörg / Schulte, Jan E. (Hg.), *»Euthanasie« und Holocaust. Kontinuitäten, Kausalitäten, Parallelitäten*, Leiden u. a. 2021.

Phelps, Reginald H., »Hitlers ›grundlegende‹ Rede über den Antisemitismus. Dokumentiert und eingeleitet von Reginald H. Phelps«, in: *Vierteljahrshefte für Zeitgeschichte* 16 (1968), H. 4, S. 390– 420.

Piper, Franciszek / Swiebocka, Teresa (Hg.), *Auschwitz. Nationalsozialistisches Vernichtungslager*, Oświęcim 2009.

Posmysz, Zofia, *Chrystus oświęcimski. Christus von Auschwitz*, Oświęcim 2011.

Postone, Moishe, »Antisemitismus und Nationalsozialismus. Ein theoretischer Versuch«, in: ders. (Hg.), *Deutschland, die Linke und der Holocaust. Politische Interventionen*, Freiburg 2005, S. 165–194.

Postone, Moishe (Hg.), *Deutschland, die Linke und der Holocaust. Politische Interventionen*, Freiburg 2005.

R., Paulina, »Aufregung um Statement: So redet sich der Wendler raus!«, in: *Promiflash* 06.01.2021. Online abrufbar unter: https://www.promiflash.de/news/2021/01/06/aufregung-um-kz-statement-so-redet-sich-der-wendler-raus.html [letzter Zugriff: 27.05.2023].

Radlmaier, Thomas, »›Nicht an Widerlichkeit zu überbieten‹: Empörung über Corona-Leugner«, in: *Süddeutsche Zeitung* 16.11.2020. Online abrufbar unter: www.sueddeutsche.de/muenchen/dachau/dachau-afd-kz-tor-fotomontage-1.5115933 [letzter Zugriff: 27.05.2023].

Recherche- und Informationsstelle Antisemitismus Bayern, *Multidirektionale Angriffe auf die Erinnerung. Post-Shoah-Antisemitismus in Bayern*, München 2022.

Reichel, Peter, »Auschwitz«, in: François, Étienne / Schulze, Hagen (Hg.), *Deutsche Erinnerungsorte. Eine Auswahl*, München 2005, S. 309–331.

Reichsorganisationsleiter der NSDAP (Hg.), *Der Schulungsbrief. Erstes Heft*, Berlin 1943.

Rensinghoff, Ines, »Auschwitz Stammlager. Das Tor ›Arbeit macht frei‹«, in: Hoffmann, Detlef (Hg.), *Das Gedächtnis der Dinge. KZ-Relikte und KZ-Denkmäler 1945–1995*, Frankfurt am Main u. a. 1998, S. 238–265.

Riedel, Dirk, »›Arbeit macht frei‹. Leitsprüche und Metaphern aus der Welt des Konzentrationslagers«, in: Benz, Wolfgang / Distel, Barbara (Hg.), *Realität – Metapher – Symbol. Auseinandersetzung mit dem Konzentrationslager*, Dachau 2006, S. 11–29.

Rokahr, Sandra, »Missglückte Befreiung. Zur negativen Aufhebung entfremdeter Arbeit im Nationalsozialismus«, in: Axster, Felix / Lelle, Nikolas (Hg.), *»Deutsche Arbeit«. Kritische Perspektiven auf ein ideologisches Selbstbild*, Göttingen 2018, S. 135–156.

Rollitz, Horst, »Arbeitshaltung bei uns und den Anderen«, in: *Schulungsbrief* 10 (1943), H. 1, S. 5–8.

Schatz, Holger / Woeldike, Andrea, *Freiheit und Wahn deutscher Arbeit. Zur historischen Aktualität einer folgenreichen antisemitischen Projektion*, Hamburg 2001.

Scheit, Gerhard, »Nachwort«, in: ders., *Werke Band 2. Jenseits von Schuld und Sühne, Unmeisterliche Wanderjahre, Örtlichkeiten*, hg. v. Heidelberger-Leonard, Irene / Scheit, Gerhard, Stuttgart 2002.

Schmid, Hans-Dieter, »Die Aktion ›Arbeitsscheu Reich‹ 1938«, in: KZ-Gedenkstätte Neuengamme (Hg.), *Ausgegrenzt. »Asoziale« und »Kriminelle« im nationalsozialistischen Lagersystem*, Bremen 2009, S. 31–42.

Schmidt, Michael, »›Wahrheit macht frei‹. Rechtsradikalismus in Deutschland.« Online abrufbar unter: www.youtube.com/watch?v=QsQsgei98sk [letzter Zugriff: 27.05.2023].

Schmitz, Anna-Raphaela, *Dienstpraxis und außerdienstlicher Alltag eines KL-Kommandanten: Rudolf Höß in Auschwitz*, Berlin 2022.

Smelser, Ronald M., *Robert Ley. Hitlers Mann an der »Arbeitsfront«: eine Biographie*, Paderborn 1989.

Staatliches Museum Auschwitz-Birkenau, »The SS garisson«, in: *Auschwitz-Birkenau*. Online abrufbar unter: www.auschwitz.org/en/history/the-ss-garrison/ [letzter Zugriff: 27.05.2023].

Steinbacher, Sybille, *Auschwitz. Geschichte und Nachgeschichte*, München 2017.

Steinbacher, Sybille, »Über Holocaustvergleiche und Kontinuitäten kolonialer Gewalt«, in: Friedländer, Saul / Frei, Norbert / Steinbacher, Sybille / Diner, Dan (Hg.), *Ein Verbrechen ohne Namen. Anmerkung zum neuen Streit über den Holocaust*, München 2022, S. 53–68.

Steinke, Ronen, *Fritz Bauer. Oder Auschwitz vor Gericht*, München/Zürich 2014.

Stier, Oren Baruch, *Holocaust icons. Symbolizing the Shoah in history and memory*, New Brunswick, New Jersey 2015.

Stiftung Erinnerung Verantwortung Zukunft (Hg.), *Multidimensionaler Erinnerungsmonitor. Studie V*, Berlin 2022.

Strzelecka, Irena, »Die ersten Polen im KZ Auschwitz«, in: Gesellschaft zur Betreuung von Auschwitz (Hg.), *Memento Auschwitz. Sonderheft*, Warschau 1998, S. 9–23.

Strzelecka, Irena, »Pierwsze Deportacje do Auschwitz« (Erste Transporte nach Auschwitz), in: *Pierwsze Deportacje do Auschwitz*. Online abrufbar unter: https://lekcja.auschwitz.org/pl_14_transporty/ [letzter Zugriff: 27.05.2023].

Unbekannt, »Moderatorin nach Nazi-Äußerung entlassen«, in: *Süddeutsche Zeitung* 09.08.2012. Online abrufbar unter: www.sueddeutsche.de/muenchen/gong-96-3-radiomoderatorin-nach-nazi-aeusserung-entlassen-1.1437186 [letzter Zugriff: 27.05.2023].

Vrba, Rudolf, *Ich kann nicht vergeben. Meine Flucht aus Auschwitz*, Frankfurt am Main 2015.

Wachsmann, Nikolaus, *KL. Die Geschichte der nationalsozialistischen Konzentrationslager*, Bonn 2017.

Wagner, Jens-Christian (Hg.), *Konzentrationslager Mittelbau-Dora 1943–1945. Begleitband zur ständigen Ausstellung in der KZ-Gedenkstätte Mittelbau-Dora*, Göttingen 2014.

Wagner, Jens-Christian, *Produktion des Todes. Das KZ Mittelbau-Dora*, Göttingen 2015.

Weinke, Annette, *Die Nürnberger Prozesse*, München 2015.

Wellmann, Natalie, »Jan Liwacz. Człowiek z żelaza« (Jan Liwacz. Mann aus Eisen), in: *Portal i.pl* 18.02.2010. Online abrufbar unter: https://i.pl/jan-liwacz-czlowiek-z-zelaza/ar/223282. [letzter Zugriff: 27.05.2023].

Wentker, Hermann, »Die juristische Ahndung von NS-Verbrechen in der Sowjetischen Besatzungszone und in der DDR«, in: *Kritische Justiz* 35 (2022), H. 1, S. 60–78.

Wiehn, Erhard R. (Hg.), *Judenfeindschaft. Eine öffentliche Vortragsreihe an der Universität Konstanz 1988/89*, Konstanz 1989.

Mommsen, Wilhelm (Hg.), *Deutsche Parteiprogramme*, München 1960.

Winter, Martin C., »Die HASAG im Generalgouvernement. Ein firmeneigenes Lagersystem inmitten des Holocaust«, in: Friebel, Anne / Ulbricht, Josephine (Hg.), *Zwangsarbeit beim Rüstungskonzern HASAG. Der Werksstandort Leipzig im Nationalsozialismus und seine Nachgeschichte*, Leipzig 2023, S. 27–46.

Wohl, Tibor, *Arbeit macht tot. Eine Jugend in Auschwitz*, Frankfurt am Main 1990.

Wójcik, Michał, *Der Aufstand von Treblinka. Revolte im Vernichtungslager*, München 2020.

Wulf, Hans-Albert, *Faul. Der lange Marsch in die kapitalistische Arbeitsgesellschaft*, Norderstedt 2016.